100位

新中国成立以来感动中国人物／

常香玉

雷桂华／著

★

吉林文史出版社

《100位新中国成立以来感动中国人物》丛书

★★★★★

编 委 会

主　任　　何建明　蒋建农　高　磊

副主任　　孙云晓　徐　潜　张　克　王尔立

编　委　　王久辛　杨大群　黄晓萍　申　剑

褚当阳　刘玉民　王小平　相南翔

夏冬波　刘忠义　高　飞　陈　方

阿勒得尔图　陈富贵

前　言

　　每个人的心中都多少有一点英雄情结，都向往英雄、景仰英雄。也正因此，在中华人民共和国建国六十周年之际，由中央十一部委联合组织开展的"100位为新中国成立作出突出贡献的英雄模范人物和100位新中国成立以来感动中国人物"的评选活动中，群众参与投票总数近一亿。这其中的每一张选票，都表达了人们对英雄模范的崇敬之情，寄托着对伟大祖国的美好祝福。

　　一个民族不能没有英雄，否则这个民族就不会强大。当国家危难之时，懦弱者选择了逃避、妥协甚至投降，英雄们却挺身而出，用热血捍卫民族的尊严，人民的幸福。在创立和建设新中国的伟大历程中，涌现出无数可歌可泣的英雄模范人物。他们之中，有为了民族独立和人民解放而英勇牺牲的革命先烈，有为了党和人民的事业而不懈奋斗的优秀共产党员，有在全民族抗战中顽强奋战、为国捐躯的爱国将士，有英勇杀敌的战斗英雄和革命群众，有积极从事进步活动的著名民主爱国人士和国际友人……他们是民族的脊梁、祖国的骄傲，是激励全体人民团结奋斗的精神力量。

　　《100位新中国成立以来感动中国人物》丛书，就像一部星光璀璨的英雄谱，真实、完整地记录了英雄模范人物不平凡的一生，再现了他们非凡的人格魅力和精神世界。舍身堵枪眼的黄继光，拼命也要拿下大油田的王进喜，中国原子弹之父邓稼先，新时期领导干部的楷模孔繁森……一串串闪光的名字，一个个动人的故事，犹如群星闪烁，光耀中华。

　　当今中国正处于伟大变革的时代，迫切需要涌现出一大批勇于承担历史使命、为祖国和人民奉献一切的先进人物。在"双百"人物崇高精神的引领下，在建设社会主义现代化国家的征程中，必将英雄辈出。

生平简介

常香玉（1923—2004），女，汉族，河南巩义（巩县）人，原名张妙玲，后随义父姓改名为常香玉。中共党员。

常香玉，豫剧五大名旦之首，常派创始人，豫剧表演艺术家。她9岁随父张茂堂搭班学戏，初学花旦和文武小生，后主攻旦角。13岁主演《西厢记》誉满开封。她的演唱以豫西调为主，在演出中逐渐融化豫东调和祥符调，并吸收曲剧、坠子、京剧、山西梆子、河北梆子的一些唱腔，开创了常派艺术。1940年开始潜心钻研青衣和花旦表演艺术。1948年在西安创办"香玉剧社"，致力于培养青年演员。1951年为支援抗美援朝，率领剧社赴全国各地义演半年，演出收入捐献"香玉剧社号"飞机一架，被誉为"爱国艺人"。1953年率团赴朝鲜为中国人民志愿军和朝鲜人民军慰问演出175天180场。1954年，受国务院委派，常香玉率团赴新疆，140天辗转1500多公里，将党中央、国务院对边防战士和边疆各族人民的问候送到天山南北和边防哨所。此后，常香玉多次受党和国家派遣，率团赴大庆、广西边防等地慰问演出，受到人民群众的热烈欢迎。1987年12月，经省委批准，她自筹资金22万元，设立"香玉艺术奖"，奖励豫剧艺术优秀人才。该奖项共评选9届，获奖人员130多人，遍及全国8个省（市、区），为豫剧事业的发展发挥了积极的推动作用。常香玉从艺70多年来，创立了独树一帜的常派艺术，她的唱腔字正腔圆、韵味醇厚；她的表演刚健清新、个性鲜明。其代表作《花木兰》《拷红》《断桥》《大祭桩》、《破洪州》《五世请缨》和现代戏《人欢马叫》等久演不衰，许多剧目已成为豫剧艺术精品，为豫剧艺术殿堂增添了绚丽的光彩。

新中国成立后，常香玉历任第一至第七届全国人民代表大会代表、主席团委员，西北局妇联执行委员，西北文联委员，中国文联执行委员，中国戏剧家协会副主席，河南省文联副主席、省戏剧家协会主席，河南省豫剧院院长，河南省戏曲学校校长、省文化厅顾问等职。

1923-2004
[CHANGXIANGYU]

◀常香玉

目录 MULU

戏比天大的常香玉（代序）

2004 年 6 月 1 日，著名豫剧表演艺术家常香玉驾鹤西去，永远离开了爱她的人们。

2004 年 7 月 27 日，国务院在北京人民大会堂隆重举行追授仪式，授予常香玉"人民艺术家"的荣誉称号。

一位豫剧演员，身后能够获得这么高的荣誉，必有其骄人的成就和突出贡献，常香玉主要在三方面为世人做出了榜样：

一、戏比天大，创立了常派艺术

常香玉是豫剧界的大师级人物，一生以"戏比天大，艺无止境"为座右铭。

常香玉在唱腔方面独树一帜。豫剧唱腔有四大流派，即豫西调、祥符调、豫东调、沙河调，其中豫西调是以真声为主，其余是以假声为主。常香玉嗓音条件很好，甘甜清润。初学豫西调，她刻苦认真，深得豫西调的艺术真髓。后博采众长，能够在当时豫东、豫西互不交流的形势下主动学习豫东调，并且糅合到自己的唱腔里面，创造新唱腔。所以她 13 岁就成了主演，深受观众欢迎。成名后集豫东和豫西的长处，又学了祥符调、沙河调和其他剧种的精华，加以融化吸收，最终形成了魅力独具的常派唱腔艺术。

常派艺术唱腔特点是：真假声运用自如，唱腔娓娓动听，时而委婉细腻，时而酣畅淋漓，时而洒脱自如，时而幽默风趣。激情时如万马奔腾，低回时如山泉幽咽。因此，常派唱腔能根据人物的需要变换自如，不论是喜剧、悲剧、正剧，也不论是乖巧伶俐的红娘、英姿飒爽的花木兰，还是大家闺秀黄桂英、善良慈祥的拴宝娘，常香玉演起来都游刃有余。在豫剧艺术里，常派的唱腔是流传最广、最受欢迎的，常派剧目也是演出最频繁的。

常派代表剧目有:《花木兰》、《拷红》、《断桥》、《破洪州》、《五世请缨》、《大祭桩》、《李双双》、《人欢马叫》等。这些剧目是豫剧的经典,必将载入豫剧史。

二、爱国艺人,德艺双馨

常香玉爱国爱民的思想和行为是贯穿其一生的。演戏先做人,艺德是根本。常香玉是一位大气的艺术家,一生有许多惊人壮举。

她19岁那年,家乡南渡河洪水泛滥,乡亲们筹集的筑坝资金不够,常香玉为此义演半个月,收入约八百袋面粉的钱全部用来修坝开支,乡亲们为了感激她,在河岸立了一个"香玉坝"石碑。

民国时期,常香玉在西安避难时,唱戏搭粥棚接济逃难的灾民;办"香玉剧社"招收难童学戏。

新中国建立后,抗美援朝时期,常香玉带领"香玉剧社"义演,足迹遍及大半个中国。最后,将演出180多场筹到的15.27亿元人民币(当时币值),捐献了一架"香玉剧社号"战斗机。并率团到朝鲜前线慰问演出。常香玉捐献飞机的爱国举动,极大地鼓舞了中国人的士气,"香玉剧社号"战斗机在朝鲜战场上也屡建战功。现在,"香玉号"战斗机被放在中国革命博物馆里。常香玉捐献飞机的事迹也被写进了教科书,成为后人学习的榜样。

常香玉一生都热爱党,热爱国家,热爱豫剧,热爱她的观众,国家只要有困难,她总是挺身而出。大庆油田、天山南北、对越自卫反击前线、大兴安岭火灾、90年代水灾,直到捐助下岗工人、抗击非典,都有她的身影。

常香玉在生命垂危之时留下的安排是,她要将她一生捐献后剩下的最后几万元捐给家乡巩义县南河渡乡的教育事业,多培养一些家乡的孩子读书。她在生命的最后时光里想家了!是家乡的热土培育了她坚强的性格,是家乡的河水湿润了她的喉咙。

可以说,常香玉的一生是为人民服务的一生,是奉献的一生,是德艺双馨的一生,是中国戏剧界的一面旗帜。

三、扩大豫剧影响,传承豫剧艺术

常香玉的爱国义举使豫剧在全国有了极大的影响,全国第一届戏曲汇演时，常香玉与其他剧种的六位艺术大家同获大奖，为豫剧这个地方戏争得了荣誉。

上世纪 50 年代，常香玉在前苏联、在奥地利维也纳举办的世界和平大会上演出了豫剧，把豫剧艺术传播到了国外。

为了传承豫剧，激励演员创新、进取，1998 年，常香玉又带领豫剧一团的演员巡演一年多，筹资 22 万，设立了"香玉杯"艺术奖，前后举办了九届"香玉杯"大赛，获奖人员多达 130 多位。

常香玉还以不同的方式培养出了成就辉煌的弟子，如现任河南省豫剧三团的团长、梅花奖演员汪荃珍；河南省豫剧一团团长、梅花奖演员王慧；郑州市豫剧院原院长、梅花奖演员虎美玲；郑州市创作研究院原院长、文华奖演员王希玲；海燕豫剧团团长索海燕等。

至今，常派艺术仍是豫剧旦角最主要的流派之一，深受人民群众的热爱和喜欢。

常香玉去世后，热爱她的人们深深地怀念她。

常香玉的女儿说："母亲一生不重名利，为民众演戏，让民众喜欢，是她一生的追求。"

新华网一位网民称常香玉是"一位伟大的艺术家，一位慈祥可亲的母亲"。

著名作家刘震云评价说，常香玉"把豫剧艺术推到很高的位置"，"在中国戏剧界，她是贡献最大的人物之一。她的病逝，是中国戏剧界的一大损失"。

京剧大师谭元寿获悉常香玉去世的消息后，特地打来电话吊唁，并叮嘱常香玉的女儿常小玉一定替他献上一个花圈，上面就写："大师常香玉永垂不朽，学生谭元寿。"

著名诗人王怀让用诗来颂扬常香玉的一生："有的人活着，就没有声响；有的人死了，却仍在歌唱。"

王怀让的诗说出了大家的心声。努力追求艺术上的完美，一心一意为人民服务，立功、立德、立言，这就是大师常香玉的人生。

今天，常香玉虽然已离我们远去，但她的精神却是留给我们的宝贵财富。

成 长 篇

→ 改姓之谜

★★★★★

1923 年 10 月 24 日（农历九月十五日），河南省巩县南河渡乡董家沟的一座窑洞里，诞生了一个眼睛溜圆、哭声响亮的女婴，喜得婴儿的父亲张茂堂高兴地赞叹道："好嗓子，唱戏准是好苗子！"

婴儿的母亲魏彩荣瞪了张茂堂一眼："唱戏又不是啥光彩事儿，嚷啥嚷，快给妮儿起个名。"

张茂堂说："戏里有句唱词，妙龄女郎，秋波若水，这妮眼睛水灵，就叫张妙玲吧。"

这个名叫张妙玲的女婴就是后来德艺双馨的豫剧大师常香玉。

张妙玲出生时，正是天灾人祸、兵乱匪患频繁的时期，1928—1929 年的蒋介石、冯玉祥之战，1929 年的蒋、冯二次战争，1930 年的中原大战，把巩县这块土地燃烧得疮痍满地，千疮百孔。

妙玲小时候，水汪汪的眼睛，两道浓眉毛，一条甩来甩去的独辫子，挺招人喜欢。但是，奶奶却常常搂着她流泪。她的爷爷去世早，奶奶一手拉扯大七个儿女实在艰难，四个姑姑早早被送走当了童养媳；大伯帮人杀猪，奶奶认为"有损阴德"不让他上门；叔叔幼时被卖给了人家，换了四串铜钱五升小米。后来奶奶生病时想见他一面，小叔却记恨坚决不回家，为此，奶奶后悔一辈子，眼睛都快哭瞎了。

家中有奶奶、父亲、母亲，加上她和弟弟，一共五张嘴吃饭。依靠祖传的五分多地，常常吃了上顿没下顿。没办法，父亲张茂堂便偷着出去唱戏，挣钱养活家人。不料不久又倒了嗓子，只能再回到地里刨食。然而，地是丘陵旱地，产量极低，那点粮食很难糊口。

幸亏小妙玲的奶奶贤惠、能干而且热心肠，常帮乡亲邻居做针线活，说亲、劝架，乡亲们便时常送给她家一些小米糠和麸皮。奶奶把这些东西磨成面，拍一拍在鏊子上能烙成饼子，拌上菜加上水能煮成菜糊糊，再把加工柿饼后剥下来的柿皮磨成的面，放在一起揉成团后放到锅里，能蒸成甜丝丝的蒸糕。没盐吃了，奶奶领着妙玲到洛河滩去刮一种白乎乎的盐土，回家后用水淘，再把淘出来的水放在锅里熬，熬出后的白色结晶，就成了做菜的盐，吃起来咸中带苦。奶奶很会过日子。她把梳头掉下的头发挽成一个小疙瘩，让妙玲塞到墙窟窿里，来了挑货郎，她便用头发换些针、线或顶针。有时，来了"吹糖人"的，她还给小妙玲换个"糖公鸡"或者"糖小猴"，妙玲舍不得立即吃掉，就放在墙洞里慢慢品尝，有次被老鼠偷吃了，妙玲心疼得直掉眼泪。

小时候的妙玲活泼好动，她挖野菜、拾柴火，成天在野地里跑，翻"马车轱辘"，玩"蝎子粘墙"，上树摘树叶爬得比男孩还快，小伙伴们给她起了个绰号叫"麻利猴"，娘骂她是"小土匪"，她"咯咯咯"地笑着跑开，倒也能苦中作乐。

不料，这样的日子也难以为继，小妙玲7岁那年，她最亲近的奶奶去世了，家中为了办丧事买棺材，便向族长磕头借了钱。为了还债，她的父亲张茂堂就把田地改为了菜地，琢磨着种菜能多挣点钱，但种菜园是个辛苦活，张茂堂很快就累成了"芦柴棒"，风一刮就要摔倒。

到了冬末春初，家中便揭不开锅了。她娘便说："妙玲爹，从明天起，我领着妙玲串门子去。""串门子"就是沿村要饭，因为乡亲们觉得要饭寒碜、丢人，就自我安慰，用"串门子"回避"要饭"两个字。

才几岁的妙玲，不知要饭的辛酸和尴尬，娘在前面走，她在后面跟，拿着打狗棍，又是蹦又是唱。要来的饭多是稀的，有玉米汤、小米汤、麦糁汤，也有一些碎窝头和红薯，娘总让她喝稀的，说是把窝头和红薯带给爹和弟弟吃，她气得说娘偏心。

还有一次，妙玲要饭走到一个富户门口，人家在吃饺子，自然不会给她。她在门口多望了几眼，多喊了几声，便从门后窜出来一条大黄狗，狗发出瘆人的狂吠声并向她猛扑，她急中生智，转身靠住路边大柳树，抡动打狗棍保护自己，富户家的胖小子出来喝住了黄狗，对她吼道："滚，再不走，咬死你！"她掉头就跑，一路上摔了几个跟头，裤子撕了个口子，胳膊也擦出了伤痕。

农历腊月是要饭的好机会，因为那时娶媳妇的人家多，可以要到好吃的东西。临近除夕，妙玲和娘跑了十多里路，串了几个村子，在风雪中熬了半天，才要到一罐杂和菜和一些碎馍头。回到家里，娘把肉块挑出来剁碎，大年初一早晨，给全家吃了顿萝卜馅饺子。那点剩菜加上张茂堂买的几斤豆腐，一家人从三十吃到正月初五。

张妙玲就是这样吃着百家饭一天天长大。

妙玲9岁那年，端午节时，大姑带了粽子、油糕等一大篮子东西走娘家，刚坐下就对常香玉的父母说："妙玲快10岁了吧，还不快送童养媳，你们当父母的就不着急？"

原来有人给妙玲说了门亲，男孩是双胞胎中的哥哥，家中有十来亩地，大姑说："这么好的人家，快定下来，择日子送过去。"

妙玲在门边听说了，顿时感到血顶脑门，她紧握双拳，心中对"童养媳"三个字充满了痛恨和恐惧。

童养媳是旧社会的陋习，穷人家的女孩定亲后很小就送到婆家干活，跟奴隶差不多，待成人后再正式成亲圆房。

妙玲家因为穷，4个姑姑都送了童养媳，二姑当童养媳时，上树扳干柴，掉下来摔成了残废，不久就离开了人世，奶奶为此哭瞎了一只眼睛。

三姑的婆婆性子暴，经常打骂三姑，三姑回娘家让奶奶梳头，头发都结成了血饼，奶奶只能用线柱一绺绺挑开，再一缕一缕地梳通。

四姑熬到"上头"成了亲，却在"月子"期间得了病，婆家也不想法医治，没有"满月"就死了，只活了21岁。

只有大姑长得排场，丈夫学会了做生意，开了个粮食坊子，在婆婆死后当了家，日子过得殷实，便把做童养媳当成好出路。而妙玲想起那三个姑姑，觉得当童养媳像下地狱一样，她冲到父母、大姑面前说："我不当童养媳！"

大姑惊奇地问："你不当童养媳你能干啥？"

是啊，一个"串门子"吃"百家饭"的乡下小姑娘，成天挖野菜、拾柴火，一个大字不识，又能干什么！

"我跟爹去唱戏！"妙玲坚定地说。

"羞死了，你还敢说。"大姑环顾周围，不满地瞪着侄女妙玲。

唱戏在那个年头，是一件下九流被人看不起的事。张妙玲怎么会有这个念头？一切都因为她有个偷偷在外唱戏的父亲。

妙玲的父亲张茂堂小时候给财主家放羊，因放羊时羊羔掉进墓坑里摔死了，他赔不起不敢回家，便跑到外面到了"小窝班"学戏，后来又跟一个养马的马夫学了成段的大戏和许多唱戏的规矩。他虽然没文化，脑子却特别灵，能把《洛阳桥》、《虹桥关》等几个戏的戏词背得滚瓜烂熟，在表演和唱腔上还能根据自己的揣摩进行加工和创新。因此，农闲时，他常常被戏班邀走唱戏，挣来钱补贴家用，为了不让家乡人知道，他还起了个艺名叫"张凤仙"，在戏中扮演青年女子，反串旦角。他演的戏很受欢迎，成了豫西调有名的旦角演员，眼看越唱越红，却不料又倒了嗓子，只能在戏班里打杂。回到家时，与村人邻居只说是在煤窑里卖煤，但他在无外人时却时常哼着戏词。妙玲嗓子本来就好，又耳濡目染，自然向往唱戏的生活。特别是她6岁那年看社戏的情景，令她终生难忘。那天，她正在野地里挖野菜，看见乡亲们三五成群，说是去看给龙王请的社戏。她便不知不觉地随着人群到了几里外的戏台看戏，锣鼓点儿响了，野菜篮子被人踩扁了，她却无意中踩着了从舞台一侧搭拉下来的绳子，她用上平时爬树的本领，攀着绳爬上舞台，躲在幕布边的黑影里，把《洛阳桥》看了个过瘾。戏散了，她却不敢回家，缩在戏台边又冻又饿，蜷睡了一夜，还是邻居哑巴哥找到她，比划着家人不会打她，她才敢回去。

从那以后，她就在野地里拾柴火之余，又蹦又跳，做梦都在戏台上唱戏，这个梦一做就做了三年，今天在这要她做童养媳的关口，她执拗地喊出了心声。

父亲也和她大姑说："当童养媳是跳火坑，妙玲想学戏，我赞同。"

大姑愤愤道："戏子死了不能入老坟，你不怕人戳脊梁骨，又让妙玲学戏，有这个娘家真丢人！"大姑摔门而去，发誓再也不回娘家了。

"我要学戏，宁死不当童养媳。"常香玉扑倒在父亲怀里。

父亲看着这个爱戏的闺女，心中得到很大安慰，唱戏的自卑烟消云散，他对着摔门而去的大姐说："唱戏也是凭本事吃饭，没啥丢人的。"

端午节后，张茂堂为了妙玲学戏，干脆一不做、二不休，带着妻子魏彩荣、女儿张妙玲、儿子张振有离开了家乡，来到密县一个煤窑上安了家。白天在煤窑做工，夜晚教女儿唱戏，间或抽空到四周的戏班子客串演出。

在密县的一个戏班子附近，妙玲白天看演员练功、吊嗓，夜晚被人背到后台看戏。那歌声、舞姿、头饰，那剧中人物的悲欢离合，台下观众的如痴如醉，这一切在她眼中散发着无限魅力，她快乐，她陶醉，她痴迷，她模仿，她觉得唱戏与"串门子"、当童养媳相比，简直就是天堂里的生活，"我也要学会唱戏，要唱得让人哭、让人笑，让人把巴掌拍疼"，小妙玲被幸福的潮水湿润着、淹没着。一天，戏班演出《老包铡陈世美》，快开戏时，扮演秦香莲孩子的小演员因头疼发烧，不能登台。急促中，有师傅建议让常香玉代替，于是她在9岁这年第一次登上舞台，她又扭又哭，演得很像。下台后，老师傅喜爱得奖给了她几块三角糖。

小妙龄感到快乐极了。

然而，她快乐，族人却不快乐，张家的族长发了话："张茂堂偷着唱戏，咱睁只眼闭只眼也就算了，毕竟他还要养活一家老小。可张家的女孩儿，又有一个妙玲的好名字，学什么不好，却伤风败俗去唱戏，又不缺那一口饭，穷了可以去串门，再不济也可以去当童养媳，怎么也饿不死，偏偏学戏，学戏就不要姓张，不要进张家祠堂。"

张茂堂很苦恼，回巩县老家为妙玲奶奶做三周年祭日，走到站街集镇时，和自己的拜把兄弟、一个小饭铺的老板常会庆、人称"常老大"的戏迷兄弟谈起了此事。

常老大拉过妙玲，对张茂堂夫妻俩说："咱这个闺女真喜欢人，眼睛都像会说话，嗓子声音这么甜，以后唱戏，准能有大出息。我爱看戏，依我说，唱戏比啥都光荣，演的都是惩恶扬善的故事，演给你看唱给你听，喜欢还喜欢不过来呢。张家容不下她，干脆认给我，改姓我的常，日后出息了，让姓张的族长后悔吧。"

一听这话，张茂堂和妻子互相递了眼色，忙让张妙玲跪下给常老大磕头。

张妙玲心中也很喜欢这位慈祥可爱的常伯伯，立即跪下恭恭敬敬地磕了三个头，喊了声"干爹"。常老大得了这么好的干闺女异常兴奋，当即从箱子底下拿出些铜钱，非得送给干闺女，算做见面礼。还专门买了几尺花布，怎么也得给干闺女做件花衣服穿。

张茂堂说："闺女姓你的常了，再起个名字。《三国演义》里有个楚霸王，叫香玉，有力气不受人欺负，就给妞取名常香玉吧。"

"好，香玉好，又是香又是玉的。"常老大拍手叫好。其实楚霸王叫"项羽"，张茂堂和常老大没有文化，就把"项羽"念转音当成了"香玉"两个字。

从此张妙玲改名为常香玉，使用终生。

➔ 戏是苦虫

★★★★★

1933 年，常香玉学戏的第一个师傅就是他的父亲张茂堂。

张茂堂没有文化，但他信奉"戏是苦虫，不打不中"。他对自己的闺女学戏极为严格，他认为打是亲骂是爱，不打不骂不成才。为此，他自己动手做了个鞭子，皮条上缠着布条，比手指头还粗，用来"鞭策"常香玉用功。

常香玉每天早晨要起来喊嗓子，她与爹走到小河边，对着水面，爹喊"咿"，她喊"咿"；爹喊"啊"，她喊"啊"。喊开了嗓子，爹再教她唱戏，爹要她首先过好吐字这一关：他要求常香玉的吐字高音不刺耳、低音听得清，哪怕有一个字吐不清，也决不放过，在唱低音的时候，他经常跑到百步以外的大树背后听，凡是听不清的地方，都得重复好几遍。

张茂堂对常香玉说："千斤念白四两唱，念白不好，戏也唱不好。"练"喷口"像学拼音，声母韵母要分开练，开始要慢，发音清楚了，再加快速度，最后念白就像打机关枪一样，可是发音仍得清楚，要达到"大珠小珠落玉盘"的效果。爹念快，常香玉念快，爹念慢，常香玉念慢。第二天早晨再对着大树，眼睛盯着一个地方，一遍接一遍地念，直念得口干舌燥，嘴唇发木，舌头打不过弯，稍有倦怠，爹就用手扇脸，当练习《抱琵琶》里秦香莲劝说陈世美的那段长长的念白时，常香玉吐字稍有一点儿含混，爹就用手指去抠她口腔，看舌头下是否含了其他东西，结果牙床都被抠破了，鲜血从嘴里直流。

晚上，常香玉要练眼功，"上台眼没神，等于瞎胡混"。爹让她睡觉以前，点燃一炷香，拿在手里，香头对准鼻尖，盘腿坐在床上，两个眼珠紧紧盯住香头，这叫"头眼"。香头冒出来的烟，熏得眼泪直流，也不准眨一下，头眼的用处很多，主要用来表现剧中人受惊或昏厥前的神态。对着香头，可以练"对眼"、"瞪眼"、"凝神"；绕着香头，可以练"转眼"、"斜眼"、"远眺"，总称转眼功。常香玉还是小孩子，练着练着就困了。有一次打盹睡着了，手里的香倒下来，把被子烧了个大窟窿，从此练眼功时，爹便不让她再坐在床上，而叫她在地上铺个席子，席地而坐练眼功。有几天晚上，爹有事没顾上来监督，常香玉觉得眼睛老盯着香头直发酸，便眨了几下眼，再眯缝一会儿，如此这般地偷闲减工。有天，爹让她转转眼珠，她刚转几下，爹对她又是打又是踢，一面打着一面说："我打你冤不冤，你练功是给谁练的，一天不练自己知道，两天不练内行知道，三天不练外行知道，不能自己哄自己。"

常香玉练的第一项武功是踢腿，踢腿要求头正肩平，双手叉腰，挺胸收腹，膝盖绷直，而后两条腿轮换着往上踢，踢得脚头能钩住鼻尖。一开始，爹规定一次踢六十腿，以后逐日增加，不准偷懒，若发现从头再来，就这样一百、二百，一直增加到每次踢五百腿。有时踢得大汗淋漓、精疲力竭，直到两条腿肿成木棒槌。爹说："孩子，咬住牙练下去，等到再踢得消了肿，腿上就有功夫了！"有一次，常香玉踢了四百七十四腿以后，累得腿一软坐在地上。她想爹不在场，这次就算踢完了，哪知爹不远不近，正立在她的身后！她赶紧叹过一口气，自言自语地说："我可踢够五百了。"爹听见这话，把她一脚踢倒在地，十分恼怒地说："练功说瞎话，哄的是谁？一、二、三、四、五、六，你偷六下，我抽你六鞭子。"鞭子抽在常香玉身上，她累得连阻挡的劲儿也没有，几乎昏了过去。

还有一次，常香玉在麦场上练功，腿脚疏懒一些，张茂堂一脚把她踹倒，她脑门撞上石头，顿时满脸流血，昏了过去。等她醒过来，躺在娘的怀里，而张茂堂却被路见不平的人们当做人贩子扭送到保安所了。娘见常香玉醒了过来忙又领着她去把张茂堂认领了回来，还得反反复复向人家解释："他是亲爹，不是人贩子，他恨铁不成钢。"

张茂堂被绳索捆绑教训了一顿，常香玉的娘十分恼火："她爹，你动不动就把孩子往死里打，外人都看不下去了吧！"

张茂堂说："她娘，你哪儿知道我的心，学戏是天下最苦的事，戏哪里是练出来的，那都是打出来的，我们从老家出来，开弓没有回头箭，孩子娇生惯养学不成戏，我们哪里有脸回去。"说着说着，竟放声号啕，自己扇起自己的嘴巴。

△ 常香玉养父母

常香玉不顾脸上的伤痕，上去一把拉住爹的手："爹，以后我不偷懒了，我好好练，再不惹你生气。"

从那以后，常香玉懂事多了，再苦再累，也自觉自愿地练习，从而使她终生受益。

"只见人前显贵，哪知人后受罪。"三年后，她凭着扎实的武功一登上开封的舞台就旗开得胜。常香玉虽然挨了那么多的打，但她还是感谢父亲对她的严格培养，只是叹道：戏真是一条大苦虫啊！

→ 挂上头牌

★★★★★

1935年农历腊月，常香玉搭入周海水的"太乙班"来到了河南省会开封。

开封是一座历史名城，有"七朝古都"之称，有三千多年的历史，这时的戏曲舞台，名角辈出，好戏连台。火神庙永安舞台有豫剧演员马双枝，国民舞台有科班出身、文武双全的豫剧演员司凤英，相国寺的同乐舞台有红角聂良卿、陈玉亭，特别在河南省教育厅社会推广部主任樊粹庭先生接收了同乐舞台更名为"豫声剧院"后，出现了一个唱祥符调的陈素真，她主演着樊粹庭自编自导的七个剧目《凌云志》《义烈风》《三拂袖》《柳绿云》《女贞花》《涤耻血》《霄壤恨》，令人耳目一新，观众如痴如醉，陈素真一时独占鳌头，被人誉为"豫剧皇后"。周海水这一班人要想在开封立足，谈何容易。

常香玉这几年先后拜过马九、葛燕亭、郭振海为师，武功大为长进，搭了不少小戏班，跑了几年高台，一年前也曾在"太乙班"拜周海水为师，学了几出戏，磨砺过一段时间，这次是二入"太乙班"到开封，自然已具备了相当的演唱能力。

周海水是"太乙班"的班主，人称"须生泰斗"，他经过一番考察选定在开封"醒豫舞台"演戏。常香玉因是无名小卒，名字上不了海报。

常香玉在醒豫舞台演的第一场戏是垫戏《曹庄杀妻》，张茂堂无比重视，早早让常香玉吃了饭，最先来到后台，找人为常香玉化妆，还领着常香玉向前台师傅一一行礼，拜托道："请老少爷们多多关照。"又嘱咐常香玉："今天你要发挥你的武功特长，按照我给你加过的戏演，不要慌张。"

常香玉在这个垫戏中演一个虐待婆母的焦氏，受到丈夫的追打，婆母又挡住儿子曹庄不让打，焦氏便躲到婆母身后左右躲闪，惊慌之中，被曹庄踢了一脚。一般的演法，焦氏顺势倒下就行了，而常香玉在这里用了张茂堂给她加的花样，趁着被踢的这一脚起翻儿，走了一个屁股坐，翻儿起得高，屁股坐落得稳，全场观众神情专注，在继续追打中，常香玉又用上了她父亲为她添加的三个小翻，刚演完就赢来了观众的满堂掌声。

第二天，常香玉演了垫戏《杀王腾》。

第三天，常香玉演了垫戏《大祭桩》"打路"一折。

虽说是垫戏，观众却对常香玉非常欣赏，使得班主周海水也不得不另眼相看，他将常香玉的垫戏改为了中轴戏，常香玉的名字也上了海报。

常香玉的中轴戏越演越硬梆，在《玉虎坠》《桃花庵》和《大祭桩》里，她换演着小旦或青衣；在《收姬昌》里她演老旦，在《能干打南阳》中她演丑角，在《荆轲刺秦》中她演武生。常香玉这时的身价已由初时每月 8 块现洋长到了每月 24 块现洋。张茂堂也被聘到戏班，担任了安排节目和调配演员的后台派笔师傅。

张茂堂对常香玉的培养仍是强化训练，在演戏

△ "太乙班"班主周海水

之余，他为常香玉定下了新的目标，让常香玉一季度学会45个新戏。那时的戏班子一季度是指4个月，120天时间新学40多出戏，平均起来4天学一个。

"怎么学？"常香玉早已学会无条件服从。

"向戏班的师傅学，别人会的你都要学，都要会。另外，我每星期安排戏时给你空出一个夜场，我带你到别的剧院去学，去偷戏。我还要带你去看京剧，那戏比豫剧细腻，武打场面多。大有学头。"

常香玉的娘心疼闺女："她爹，你想让妮子学傻了呀，她能受得了？"

"受得了，你做点好吃的，给孩子多补补。"

常香玉不但像海纳百川似的迅速学会，增加了自己的剧目，而且自己主动提出要学京剧《泗州城》中的"打出手"，那是一个女的对打4个男的，男的轮流把枪扔过去，女的用脚又把枪一一踢回去的高难武功。只见舞台上前踢、后踢、左踢、右踢、上踢、下踢，有时候女的还躺在台上踢，直踢得银枪满台飞舞，让人眼花缭乱。张茂堂觉得常香玉已经知道自己主动用功了，非常高兴和支持，又立即请了一位京剧师傅杨老大，每天上午教常香玉和4个陪练的男青年练"打出手"，一个多月，常香玉终于把"打出手"拿了下来。

接着，周海水移植了京剧《泗州城》，由常香玉演出豫剧《泗州城》，一个13岁的女孩能在豫剧中演出"打出手"，自然容易引起轰动，剧场里座无虚席，连站厢都挤扛不住，常香玉成了主演，开始挂上头牌演大轴戏了。

→ 戏曲改良

1936 年底，周海水决定带领"太乙班"到陕西发展，常香玉没有走。

这时，张茂堂认识了王镇南和史书明先生。他们都是教师，又都喜欢豫剧。尤其是王镇南，毕业于北京师范大学，在河南教育界很有声望。他们热爱戏剧，认为豫西梆子应该改良，要改变靠师徒"说戏"传习戏文的习惯，应该按照剧本排演。他们建议张茂堂自己成立一个戏班子，把常香玉打造成有更大成就的演员。

这个建议正中张茂堂的心思，他非常欣喜，便立即邀他们前来加盟，以弥补他们父女俩没有文化的缺陷。

经过一段时间的筹划和运作，以常香玉挂头牌的戏班，起了一个有着文化品位的响亮的名字——"中州戏曲研究社"，于 1937 年 2 月 3 日正式成立，社址选在开封"醒豫"舞台。

1937 年 2 月 4 日，《河南民报》刊发了消息："豫省梆剧名伶常香玉、张同庆等，为改良豫梆，使成为通俗教育之利器起见，特组织中州戏曲研究社，该社共计八十余人，二、三日内即在醒豫舞台出演，所演戏曲均加改良，并有汴洹同人为之编撰新剧，协助剧务云……"

"中州戏曲研究社"出手不凡。

首先，该社具有人员上的优势，张茂堂把新密来的"太乙新班"请来合作，又把新密的"太乙老班"也请来加盟，几股人马合在一起约有六七十人，其中有不少名角，形成了阵容相当强大的戏班。旦角除常香玉外，还有青衣帅旦金玉美、王新等；有老旦李门搭；有须生张同庆、张福寿、韩筱丹等；文武小生有许双槐、陈淑广、筱火鞭（王金玉）等，还有花脸李沫、丑角李殿元，另有马天德、赵锡铭等。均为豫西豫东两大流派的名艺人。其剧社男女主角行当齐全，文角武角人才济济，令人瞩目。

其次，"中州戏曲研究社"有自己的创新剧目，常香玉在醒豫舞台不仅上演《南阳救主》、《阴阳河》、《洛阳桥》等剧目，而且很快上演了王镇南与史书明先生新改编的剧目《六部西厢》。每天上演时，张茂堂和王镇南站在观众席里听观众的议论，然后第二天上午，大家聚集在醒豫舞台前，挑出毛病，改词改腔，常演常改，常改常新，使剧目的质量不断得到提高。

再者，喜爱豫西调的豫西一带密县、巩义的商人非常热心，纷纷相助，福豫公司的经理周鉴三次出资捐助"醒豫舞台"的修建，巩义在开封的煤商买票捧场，一时间，醒豫舞台的观众日夜满场，常香玉的表演声誉迅速飙升，甚至与当时已负有盛名的豫剧演员陈素真并驾齐驱。"中州戏曲研究社"给了常香玉一块成长的空间，王镇南编写的《六部西厢》、《哭长城》和《打土地》为常香玉的唱红起到了推波助澜的作用，这三出戏均由常香玉主演，在开封取得了极大的成功。尤其是《六部西厢》和《打土地》影响最大。其中《打土地》是现代戏，演员穿的是古代服装，内容是揭露日本帝国主义的残暴侵略罪行，人称"旧瓶装新酒"。少女常香玉的演出慷慨悲歌，深深打动了观众的心。

　　1938年4月下旬，"中州戏曲研究社"已成立了一年多，它那严谨的台风、创新的剧目、爱国的精神给开封人民留下了深刻的印象。只是日寇越来越逼近，开封眼看就要沦陷，张茂堂只得带着香玉和部分演员往西避难，"中州戏曲研究社"不得不解体。

△ 巩义市站街镇集村里沟,常香玉于1932年在此常老大家居住

→ 义演赈灾

★★★★★

　　往西去，往西去，常香玉一路西行，踏上了逃难的路。

　　常香玉在密县乡下待了一段，到了洛阳。不久，由于唱堂会得罪了地头蛇，常香玉只得离开洛阳去了西安。后来，受张纺邀请，回河南到新安县铁门镇为"千唐志斋"落成典礼演戏，因路上受了风寒，她发起高烧，坚持演到第三天，她昏倒在舞台上。

　　这一次，她患了肋膜炎，病了一年零三个月，在洛阳关林医院被摘掉了两根肋骨。

　　1941年11月，19岁的常香玉刚刚病愈，为了还债和戏班子的生计，她开始重新登台，在洛阳一带演戏。这一天，来了家乡巩县的四个乡亲。一位姓薄的乡亲说："香玉姑娘，我们四人是受乡亲们的委托来找你的。"他们说，那条叫作南河渡的河，近几年连连发水，冲得北边山上的土和碎石一大片一大片地往下滑落，河床堵塞了，河水改道了，周围的庄稼不是遭水灾就是遭旱灾，老百姓的日子简直过不下去了。乡亲们说，他们想修一条河坝拦住河水防止山上的泥土和碎石的滑落。现在已经备好了石灰、石头，还缺工具、设备和工匠的工钱和伙食费，需要一大笔钱。

常香玉听了这个情况非常着急，她想起了家乡两个显赫的要人，便问道："刘家咋说？"

常香玉说的刘家，是村里的刘镇华、刘恩茂兄弟家。当时，刘镇华任安徽省政府主席，刘恩茂任河南省政府主席，权势大得吓人。只要他们肯伸援手，别说修条拦南河渡的堤坝，就是修条拦黄河的堤坝也不是不可能。

△ 董沟前面的南河渡每逢雨季发大水危及村民，当时修建此坝时，常香玉捐了款

不料一提起刘家，乡亲们恼怒得不行。原来，他们先去找的刘家，刘家说，他们快搬到省城开封了，乡下的家不要了。然后，给了几个大洋就把他们打发了。言外之意，南河渡发水也淹不着他们。富人哪懂穷人的难，这么大的人物，这么高的门楼，却没有一点同情心，没有一点乡亲情意。因此，乡亲们托了常老大写封推荐信，来找香玉姑娘想想办法。

　　"你们说，让我咋办？"

　　"香玉姑娘，听说你前一段与周海水的女弟子汤兰香演了一出《贩马记》，那人山人海把戏院一段墙都挤塌了。乡亲们看你能不能多演几场义务戏，挣了钱修堤坝。"

　　常香玉头脑里顿时闪现出小时候家乡发洪水，自己与娘、村子里的大婶、大姐们讨荒要饭的可怜情景，也想起族长骂他父女俩唱戏是下九流，丢他们张家人，逼她改姓换名的事儿，又想到刚才这位薄大爷说刘家的大官不肯相助的事，这一切激起了她感情的浪花，她觉得如果能为乡亲们办点好事，不仅是一个巩县人应尽的义务，也让那些有偏见的人看看，是当官的能为家乡人办事，还是俺这被诬为下九流的人能为家乡人办事！想到这儿她激动得脱口而出："中，我答应。"

　　但是她只知道自己唱戏，其他的事怎么做呢？不一会儿，她的父亲张茂堂回来了，见到乡亲们，了解情况后，他让他们放心地回去，说一定尽力。但过后他埋怨起常香玉来，说这么大的事儿一个小妮子家哪敢满口答应，况且还欠了一屁股债，还有好多角儿未到。

　　常香玉知道父亲埋怨归埋怨，只要她答应了，他一定会帮助张罗的。果然，过了十来天父亲就组成了新戏班，为了多捐钱，他们精心安排了十天的戏码，有《西厢记》、《卖衣争子》、《贩马记》、《秦雪梅闹书馆》、《二度梅》、《蓝桥会》、《玉虎坠》，最后一场常香玉双演反串，戏

△ 三十年代报上登载的常香玉赈灾义演的报道

码是《黄鹤楼》、《收纪昌》，前一出常香玉演小生周瑜，后一出演老旦纪母。十天戏演得认真、红火，观众们也踊跃捧场，十分满意，这次一下募捐了相当于当时800袋面粉的钱，全部赠送给家乡用于修坝。

这个河坝位于巩县城东北的伊洛河北岸南河渡村，坝长40米，上沿厚0.6米，高出水面55米。河坝修成后，河水不再往北滚，老老实实顺流而下，南河渡一带地区不再陷入泛滥洪流中，从而也保证了这段公路的畅通。乡亲们感激地在坝上立了个石碑，上面刻着"香玉坝"三个大字，用碑文记述了捐修该坝的始末，并且盖了一座小碑楼。乡亲们兴奋地传说这样一句话："巩县两个省主席，不如一个常香玉。"

常香玉听到赞扬，羞涩地回答道："俺会做啥事，不就是会唱几句吗，何况乡亲们修坝也出了那么大的力。"

➡ 反抗邪恶

★★★★★

"商女不知亡国恨，隔江犹唱后庭花。"抗战时期，一方面是老百姓背井离乡往西逃难，一方面是南方的官吏富商把西部当做苟且偷生的乐园，因此，戏剧得到畸形的繁荣。常香玉虽然在这种背景下有戏唱，有饭吃，但作为艺人却难免受人欺负，渐渐长大的她，被戏中惩恶扬善的故事熏陶的她，却有着一副傲骨和刚烈的性格。

1939年正月初五，常香玉在洛阳"洛都戏院"刚刚演完《破天门》，她唱了父亲给她新添的戏词"取了那大阪地再平东京"，观众报以热烈的掌声。她虽然大汗淋漓，心中却非常畅快。

这时，有位有钱有势的阎参议却派人逼她去唱堂会。"强龙压不过地头蛇"，艺人只能屋檐下面来低头，常香玉闷闷不乐地跟着剧院杨经理、母亲魏彩荣，还有琴师一起去了阎公馆，阎公馆摆开四张打麻将的桌子，一片乌烟瘴气。阎家先点了一段《拷红》里红娘送莺莺到张生那儿一段唱，常香玉只能按照他们的点戏来唱。唱完，那

△ 少年常香玉

些人不怀好意地窃笑；接着阎参议又点戏道："你唱叶含嫣害相思病的那段。"常香玉看阎参议嘴脸猥亵，便绷着脸说："我不会。"

"大姑娘啦，咋能不会。"阎公馆响起一片轻薄声。常香玉真想骂他们一顿，但想起父亲嘱咐不要惹是非的话，便装作肚子疼弯着腰跑到了茅房，然后又跑回了戏班。

阎参议后来知道常香玉是装病逃戏，便怀恨在心。派人成天到戏院捣乱起哄，还派警察几次到常香玉一家的住处查户口。杨经理和父亲都劝常香玉去赔礼道歉。常香玉倔强地说："打死也不去。"

就这样，洛阳唱不成戏了，常香玉到了西安。

1941年，因为受邀为家乡建河坝义演，常香玉又留在了洛阳唱戏。华洛舞台的沈鸣九经理，此前曾为常香玉在洛阳患病期间支付了医药费和一家的生活费，为了还人情，常香玉演戏就格外卖力。

一天，常香玉正在后台化妆，准备上演《秦雪梅闹书馆》，来了个中年男人卢专员，他一到后台就挤坐在扮演丫环的演员面前，与她不停地打情骂俏，还塞了一颗水果糖到"丫环"嘴里，常香玉非常厌恶，便扭过头去。不料这个男人不知趣，又凑到常香玉身边，厚着脸皮说："香姑娘，我陪你演个商郎怎样？"

常香玉把椅子掉个方向，紧闭双唇不理他，卢专员自觉没趣，就讪讪地走开了，常香玉从牙缝里挤出一句骂："鳖形！"

卢专员马上恶狠狠地对着常香玉说："臭戏子，你刚才骂的啥？有种再骂一遍，看我不花了你！"

"你少在这花，有能耐回家花你妹子，姑奶奶不吃这一套！"

卢专员恼羞成怒，挥着拳头说："我想花谁就花谁，我有的是钱，你再厉害，敢不给我唱戏？"

常香玉怒从心头起，她不顾箱倌师傅掮着帔，等着她上场扮演"秦雪梅"，便三步并成两步，高喊一句："姓卢的，姑奶奶就是不给你唱！"然后在吵嚷声中跑到剧院后面不远的窑院，从一丈多高的崖头，高叫一句："我不活啦！"纵身一跳，跳到崖下去了。

大家匆忙跑到崖底，把她救了出来，手忙脚乱地给她灌水、掐人中，幸好没有大伤，她刚刚醒过来，卢专员就派来了弹压席上的军警："常香玉，你扰乱治安，跟我们走！"

"走就走，到天边也不怕。"常香玉挣扎着跟军警一块走了，后来还是剧院经理请了卢专员的客，又给军警白演了一场戏，才把常香玉放出来。

这么黑的世道让人怎么活，常香玉逼着父母当天就离开洛阳，又一次到了西安。

1942年秋，常香玉应邀到宝鸡演募捐戏，为河南灾民子弟上的中州小学筹募基金。这所小学是宝鸡的河南同乡会组建的，演出也是同乡会安排的，演出结束后，常香玉经李会长介绍，认识了河南老乡、宝鸡大新面粉公司董事长黄自芳，黄自芳是个戏迷，早年当过安徽省秘书长，能写会画，他写了一个剧本《灯节缘》，让常香玉在1943年农历正月十六进行了赈灾义演。不久，又上演了黄自芳根据《孔雀东南飞》改编的《鸳鸯梦》，在宝鸡，常香玉又成了妇孺皆知的当红演员。

树大招风，人怕出名，5月的一天，剧院经理告诉张茂堂说："张老板，明天有位李老爷要娶三太太，办个堂会热闹热闹，指名要常香玉去唱几段，下午一点开始，一定要准时到场。"

常香玉在一旁听了，非常气愤，这些老爷都是啥德性，一个男人要仨老婆，为啥没有一个女人娶三个男人的，这女的为啥要受这窝囊气！她假装头疼，睡着不起来，她心中打定主意，不去凑这个热闹，不去捧场。

不料李家派人来催了三次，剧院经理求她："香玉，你不知道，这李老爷是宝鸡青帮头子李越村，得罪不起呀，姑娘算是给我帮个忙，好歹只是两段戏。"

无奈，常香玉只得跟着李家的人走，在路上，李家人骄横地说："唱个戏有啥了不起，在这地面上还没有活得不耐烦的人敢跟李老爷叫板。"常香玉听了，只在心里面生气，并没理这个狐假虎威的家丁。

李家院中，已到了不少剧团演员，有唱京剧的，有唱坠子书的，也有不自重的女演员左右顾盼，眼波乱飞，引起人们一阵轻佻的笑。

轮到常香玉时，她向拉琴的师傅伸了两个指头，师傅心领神会，拉起了二八板，在如泣如诉的琴声里，常香玉唱起了黄自芳编的《鸳鸯梦》中刘兰芝自尽前的一段唱，当唱到"苍天降下无情剑，斩断夫妻好姻缘"时，李家有人蹦了起来："什么鸳鸯梦，这明明是《孔

◁ 巩县老庙戏楼

雀东南飞》，姓常的，你真混蛋，我们办喜事，你唱这丧门戏！"

"你吃了豹子胆，你胆敢诅咒李老爷和三太太吗？"

"臭戏子，臭娘们儿，安的什么心？"

李越村的手下人忽然像一群恶狗似的围了上来，往常香玉身上又砸盘子又砸碗，大有把常香玉吃下去的架势。

常香玉怒从心来，也不示弱，她跳到桌子上，气愤地说："是你们请我来唱戏的，又没点戏，这是黄先生新编的戏，看戏的都说好，你们凭啥骂人、打人，太欺负人了！"

一家丁突然举起了手枪，声嘶力竭道："常香玉，你今天是活够了，看老子崩了你。"

常香玉毫不惧怕，往胸口上拍了拍："你小子有种，往姑奶奶这儿打。"

有人在夺家丁的枪，有人在拉常香玉。常香玉悲从心来，她气愤地说："唱戏的为啥这样难，你打吧，我不活了，十八年后，又是一个常香玉，你不打，我也不想活，我死后也不能让你们安生。"

说时迟，那时快，常香玉褪下手上的一对金镏子就往肚子里吞，这对金镏子是她背着爹娘偷偷找人打的。心想，以后找到对象，就要像戏中人一样，给对方一个信物，就算是成双成对了。没想到在这里派上了这种用场。

众人忙冲上去，用手去抠常香玉的嘴，常香玉的嘴都被抠烂了，也只抠出一只，常香玉还是把另一只金镏子吞到了肚里。众人七手八脚把她拉到了宏仁医院。

人们纷纷上前，有劝常香玉喝蓖麻油的，有劝吃韭菜的，她紧闭双眼，抿紧双唇。

她心中充满了愤恨，对这个世界充满了绝望。她真的不想活了。

人们叹道：香玉真是烈性子呀！

➡ 一世情缘

★★★★★

　　常香玉自己也没有想到，这一次吞金，却让她结了一世的情缘。

　　抱着必死念头的常香玉，躺在医院里，谁的话也不听，谁也不理。

　　"真是太可惜，这样烈性的女演员真少见。那个青帮头子谁敢惹他？就香玉敢骂他，真解气！可为他去死太不值，香玉才 20 岁呀。"

　　这是谁的声音？说话这么有磁性，常香玉昏昏沉沉中睁开了眼。天哪，这不是那个陈宪章吗？她的心不由得怦怦直跳。

　　常香玉想起了与他的第一次见面。

　　那还是常香玉演了黄自芳先生编写的《灯节缘》后，黄先生请老乡吃饭，征求对《灯节缘》的意见。在一片溢美之声中，一位举止端庄、神态清爽、二十多岁的年轻人说道："该戏的人物和情节，都能够吸引观众，特别是最后那句'但不知自由花开到何时'，表达了年轻人渴望自由婚姻的愿望，最受年轻观众的欢迎。"

　　闻听此言，常香玉心中一惊。是呀，自己演这个戏，最喜欢的不也是"但不知自由花开到何时"吗？这次评戏过后，常香玉有了心思：自从离开开封后，再也没见到王镇南、史书明这样有学问的人评戏改戏了。这几年她只是在表演技巧上逐渐熟练，而戏理却没人评说了。若能经常听到对戏的批讲，肯定会对自己的演戏大有益处。想着想着，她眼前仿佛又看见年

△ 王镇南

轻人那种温文尔雅的书生模样。这也是"惊"吗？这也是"自由花"吗？她对这个年轻人有了极好的印象。

终于，两个人有了第二次见面。由黄自芳介绍，他帮助常香玉分析《鸳鸯梦》的唱词。

年轻人落落大方，自我介绍道："我叫陈宪章，也是河南老乡。"

当陈宪章讲到剧中焦母逼儿休妻那一段，焦仲卿虽然一再替妻子刘兰芝求情，最后还是跪在焦母面前说"我遵从母命就是"时，常香玉突然愤愤不平道："焦仲卿这个人真是个糊涂虫、窝囊废！"

陈宪章吃惊地望着常香玉："嗯，太好了，你知道动脑筋唱戏，会动脑筋好。"

常香玉听到陈宪章这么夸她，更来了精神，于是就大声地说道："我就是看不起这样的男人，怎么就不知道心疼自己的老婆。"

陈宪章笑了笑说："这不能怪罪焦仲卿，只能怪封建礼教害了他，封建社会提倡忠孝，但忠孝得分是非。焦仲卿听焦母的话休妻是孝，但最后妻子死了，他也死了，他的母亲从此连儿子也没有了，这种孝就是愚孝。这里焦仲卿也是有反抗的，自杀就是反抗的一种方法。所以，这个戏的内容就是使人们同情他们，痛恨恶婆婆，也就是痛恨封建礼教！"

听到这里，常香玉的心中一阵豁亮。

这天夜里，她失眠了。那时候的女孩子大都十七八岁成亲。她虽然痛恨当童养媳，但如今已经 20 岁，到了谈婚论嫁的时候，身边却没有一个称心的人。而这个陈宪章，倒是她 20 年来碰到的第一个合她心意的人。首先，他的相貌、风度令她看着顺眼、喜欢；其次，是他的学问让她倾慕，现在唱戏没有人能帮自己，如果有这样一个知己来帮自己，不就是像戏词上说的那样"如虎添翼"了吗？

多少天没见陈宪章的面，没想到这次吞金等死时却又见到了他。忽然，一种求生的愿望在香玉心中升起。是啊，他说我才20岁，太可惜了。是可惜啊，我这一生刚刚开始，还没有经过恋爱、婚姻，什么人生的滋味都没来得及好好品尝，就为那个混蛋青帮头子而死也真是可惜呀，她真想把金镏子吐出来，但要死的人突然又不想死了，太难为情了，于是又闭上了眼睛。

"不行，郭院长，要想尽办法救她，开刀吧。"常香玉的母亲在一边央求道。

常香玉一下坐起来："我不开刀！"前一段在洛阳取出两根肋骨的经历使她对开刀充满了恐惧。

"那你说怎么办？"陈宪章关切的目光中又增加了责难。

常香玉说："我吃韭菜，我喝蓖麻油。"

众人都松了一口气，脸上露出欣慰的神色。几乎折腾了一个通宵，金镏子终于打了下来。

从那以后，常香玉和陈宪章的接触多了起来，除了同乡会议事碰面，更多的是在渭河滩喊嗓子时相会。

陈宪章告诉她，七七事变以后，以洪深为领队，以王莹、金山为主演的剧宣二队来到洛阳。那时他正在洛阳师范读书，为了支援抗日宣传，便参加了剧宣队，饰演群众角色，他先后参加过《放下你的鞭子》、《保卫卢沟桥》的演出，一场都没落下。

香玉想，我那时正在开封演《打土地》，爹也领我在街上看过《放下你的鞭子》，原来他也演过此剧，真是巧呀。"我也听过金山，他的名气大着呢，他好在哪儿？"香玉询问道。

陈宪章想了想说："一是有真情、激情，二是有技巧，也就是戏曲里说的有功夫，二者缺一不可。你想金山演的话剧，又不唱又不舞，却能让观众信以为真，群情激愤，没有真情和技巧行吗？"

知己呀，这才是艺术上的知己！常香玉在心中叹道。20年来，除了母亲生活上的关心，父亲严厉的管教，有谁能与她如此畅快地谈论戏曲，探讨艺术。而且，他又是那样的英俊，浑身散发着一个青年男子的魅力。

每一次与宪章的见面，都增加了常香玉的爱慕；每一次分手后又是无数的苦恼在等着她。她向渭河大桥走去，望着波涛翻滚的河水，她无心练功，也无心喊嗓。她已打听到他不仅是中州小学校长，实际上还是县三青团书记，还成家了。这一下他俩面前就像划了一条鸿沟，她决意离开陈宪章。

不知什么时候，陈宪章来到她的身后，"香玉，听说有人给你提亲？"

"是啊，提的是大学生，比我这个睁眼瞎有学问，可他能跟着演戏的到处流浪吗？"

"我跟你流浪中不中？"

"你？"常香玉咬紧了嘴唇，"别说废话了。"她忽然从手指上摘下金镏子。

陈宪章见状忙冲上去握住常香玉的手，"你又要干啥？"常香玉忙退后一步："给，你把它卖了，替我买一张去华阴的火车票。我要到华山当尼姑。"

"你不要去当尼姑，我会送你一枚戒指。"

"你，有家的人，我还能当小婆儿？笑话。"

"我明媒正娶，决不让你当小婆。"

"那也不能为我甩别人，我良心上过不去。"

"不为你，我与我那个对象当初是在西安战干团学员班认识的，当初她能歌善舞，比较出众。21岁时，我俩谈起了恋爱，后来她受到一位少将军官的追求，我们只得逃走，我为此还被通缉，等那个少将调走后，我们才正式结合。不料生活后才知道性格不合，再加上也有不少人追她，矛盾越来越激化，我只得从西安躲到这宝鸡，已经分居两年了，我俩都同意离婚，近日就要办手续，你若不信，可以去问郭院长。"

"我可不愿跟当官的结婚，大小你也算一个。"

陈宪章慎重地说："这个好办，我马上辞职，我早就不想吃这碗饭了，当官需要拍马溜须，我做不来。"

"成家后我还要唱戏，你得帮我抠戏、改戏、写戏。"常香玉又提出了第三个条件。

陈宪章笑了起来："你若不唱戏，也不需要我，满可以去做阔太太。你若不唱戏，我也不会喜欢你。我因为喜欢你的戏，才喜欢你的人。我们是以戏为缘，我相信我有能力帮你把戏唱得更好。"

"那你做到再说吧。"

这一次，陈宪章回西安了，为的是办离婚手续。常香玉心里忐忑不安，随剧团到汉中演出，在汉中一待就是八个月，常香玉得不到陈宪章的任何音讯，她不愿不明不白地等下去，便背着父母，偷偷跑到宝鸡去。

在宝鸡，常香玉和陈宪章又在渭河滩上见面了。陈宪章呜呜咽咽地说："我原以为这辈子再也不能见面了！"

常香玉故意反问他："你既然心里有我，为啥不去看我？为啥不给我写信？"

陈宪章仿佛受了很大的委屈："冤哪！我敢明打明去找你吗？写信，你认字吗？这半年多我是怎么过的，只有天知道。"

清亮的月光下，常香玉清晰地看见了挂在他眼角的泪珠。常香玉再也控制不住自己，紧紧地握住他的手说："我也是为了你，才背着爸爸逃出来的。"

陈宪章高兴地说："你提的条件我都办妥了。我已辞了公职。"

"这你得自觉自愿，不能有半点勉强。"

"我有诗为证。"陈宪章急不可待地说。

"你背给我听听。"常香玉说。

陈宪章一字一句地背了出来：

> 自古爱情贵纯真，
>
> 神仙望穿桥头春。
>
> 一度红娘销魂曲，
>
> 三项条件玉壶心。
>
> 渭水河畔谈星夜，
>
> 秦岭山下洗风尘。
>
> ……

陈宪章念的第七、八句诗太文雅了，常香玉听不懂，她灵机一动，脱口而出："后两句改成这样吧：有福同享祸同受，今生今世不变心。"

陈宪章像不认识似的看着常香玉："你也变成诗人了。咱俩订婚吧，这是戒指，咱俩交换一下。"

常香玉说："你跟我订婚，家中老人会同意吗？"

陈宪章告诉她，他家中已没老人了。他不到1岁，生母就因病去世了，是乳母郭娘一直照顾他，当他7岁时，他那曾是清末秀才的父亲又去世了。从此，郭娘像亲生母亲一样把他哺育成人，还供他念书，直至他考上洛阳师范。后来为了抗日，他像大多数热血青年一样，到西安参加了国民党办的战干四团的艺术班，之后又加入了三青团，被调到宝鸡任职，本想为抗日出力，但在任职的三年里，觉得三青团的所作所为与口头标榜的大相径庭，心中正苦闷和烦恼，正好常香玉不想找当官的提醒了他，他就下决心辞了职。

常香玉说："以后有条件，咱把郭娘接来。"

陈宪章动情地说："你真善良。你找我心里亏不亏？"

常香玉说："你要给我抠戏、写戏就不亏，你要不管我的戏，我就老亏。"

陈宪章向她保证："戏剧是一门很深的学问，我爱你的事业，更爱你的人，我会终生做你艺术上的助手。"

1944年6月3日中午，常香玉在西安东大街正大豫饭庄开了一个单间，请陈忠经当证婚人，朱振家当主婚人，举行了一个只有四人参加的简单结婚仪式。常香玉又高兴又难受，高兴的是自己终于按照自己的理想找到了终身伴侣，难受的是自己在这兵荒马乱的岁月结婚连花轿也没坐上。

→ 创办剧社

★★★★★

　　1948 年，水、旱、蝗、涝使河南的穷苦乡亲一批批地流向西安、宝鸡等地，街上到处都有食不果腹、衣不蔽体的流民和头插草标待卖的小孩，哭声、闹声、救命声不绝于耳。

　　常香玉想起自己童年时"串门子"吃的苦，就想不如把灾民难民的孩子收到戏班子里来，一是让他们有了吃住的地方，为灾民解了难；二是让孩子们学门手艺，长大有个吃饭的看家本领；三是培养自己的剧团班底，有一支自己的豫剧队伍，免得四个月一季签订合同，演员流动太大。

　　这个想法与陈宪章一拍即合，陈宪章当过中州小学校长，办教育有点经验。他说："香玉，你虽然没有上过学，但你数年来博采众长，已经形成了自己比较成熟的豫剧艺术，也需要有自己的一块园地，把豫剧的种子播下去，让他们长成参天大树。"

　　他俩合计了一下，给学校起名"香玉豫剧学

校"，两人还进行了分工：常香玉在社会上比较有名望，就任学校董事长；陈宪章相对有文化，就任校长。然后再把懂戏的黄少林等人请来当老师。这样就拥有了基本的教学队伍。常香玉还把她的爹娘接来，让张茂堂教学生基本功。

办学校说起来容易办起来难，虽然是私立的，也需备案。陈宪章一连往省教育厅跑了三次，也没办成。又到市教育科跑了好几趟，还托熟人请客送礼，几经周折，以"西安私立香玉豫剧补习学校"的名义办了备案手续，十天后，才挂起了"香玉豫剧学校"的牌子。

常香玉在西安市马厂子13号租了一个独院，前面有七间住房，后面是个大空场。他们又请泥瓦匠盖了两间学生宿舍、一间厨房，七间旧房也粉刷一新，学校总算有了校址。

招生启事在大街上贴出后，没想到招生那天人头攒动，很多河南难民领着自己衣衫破烂的孩子争先恐后地前来报名。三天时间内来报名的就有一百三十多人，最后从中挑选出八个较有灵气的孩子作为第一批学生。

张茂堂说："周海水的学生一期一期的都有辈分，比如他那'十八兰'的'兰'字辈，我们收的这一期学生也起一个艺名，中间都带上常香玉的'玉'字吧。"

一天，一位中年妇女领着一个叫花子似的小妮子坐在校门口，挡住了师生们的出路。教戏的黄少林上前问道："哎，大嫂，你找谁？"

"我找常香玉，给这孩子报名。"

"已经停止3天了，你才来，迟了！"

"迟不迟见到常香玉再说，我就不信她见死不救。"

中年妇女气哼哼地顶撞道。

张茂堂听到吵声，和陈宪章走到门口。中年妇女拉着小妮子，扑到张茂堂面前，眼泪哗哗流了下来："老板呀，一看你就是好人，听俺把这可怜孩子的身世摆一摆，你再说收不收吧……"说着，中年妇女就要下跪，陈宪章赶忙上前拉住。

她说，这妮子叫高小秋，是她姐的孩子，老家是河南兰考的。小秋爹在西安煤厂里当送煤工吐血死了，小秋娘有病没钱治也死了。小秋还没断奶就成了孤儿，她自己只好收养了她。她姨父拉洋车支撑着一家的生活，没想到今年她姨父也害病死了，家里还有两个比小秋还小的孩子，她一个女人家实在养活不了。听说戏校收人，就想来讨个活命，不想又来迟了。

张茂堂听着也流下了眼泪，上前拉着小秋，问："多大了？"

"8岁。"

"这么小，脸上还有麻子……"黄少林在一旁不满道。

陈宪章说："咱先试一试吧。"于是就让小妮子发了两个音，嗓音还挺好的。"爸，我看还可以，不知香玉同意不同意。"陈宪章说道。

"我同意。"常香玉也从后院走了出来。

小秋的姨千恩万谢地走了，高小秋改名为高玉秋。

穷人的孩子懂事早，她年龄虽小但学习却异常刻苦，后来成为一名出色的演员。

香玉豫剧学校教学正规，能学到真东西，又免费包吃包住，并且有常香玉这样的名演员负责，名声自然越来越大。诉苦的、托人的、亲朋好友、沾亲带故的都想把小孩送到这里来，常香玉坚持两个原则：一是坚持要河南老乡，河南人唱豫剧能够分清尖团音；二是小孩必须嗓子好，有灵气，这样学起戏来淘汰率低。学校逐渐壮大了，陆陆续续又收了几批学生，学生最多时高达40人。为了这些学生的吃、住、穿、学，为了支付老师们的工资，常香玉一天都不敢懈怠，她得拼命地演戏，直到他们能够担纲演出。后来，这些学员大都成了河南豫剧的中坚力量。

尽管学校办得成功，可是不久以后，陈宪章因为被怀疑与共产党有来往，被投进了监狱。实际上陈宪章只是与开书店的证婚人陈忠经有来往，他并不知道陈忠经是地下共产党员。结果，常香玉倾家荡产，才把陈宪章保释出来。但特务们给陈宪章身上安了个"尾巴"，说是"因病保释，随传随到"，常香玉夫妻俩心中很不安。

这时，他们有了一个机会，可以摆脱特务的威胁。西北行辕主任张治中路过西安，看了常香玉演出的《红娘》，便邀请香玉剧校到兰州演出，常香玉和陈宪章爽快地答应了。于是，他们趁机离开西安，来到了古代"丝绸之路"必经的西北重镇兰州，随后将学员和戏箱也拉到了兰州。

常香玉在兰州的演出非常轰动，大家竞相目睹这位名家的风采，更为她精湛的演技所折服，各家报纸纷纷报道她演出的消息。1949年2月24日的《和平日报》这样写道："常香玉是豫剧名伶，在西安曾红得发紫。这次来兰公演，也是万人空巷。"

1949年3月4日的《新民国日报》接着又发了"常香玉献艺兰州——票价虽高，仍不易买"的消息。

西安解放的消息传到了兰州，军政要人准备抵抗，财阀富商纷纷逃命，兰州治安非常混乱，百姓也是异常恐慌。为了避免战事之苦，常香玉和陈宪章带着家人和香玉剧校的学生，离开了兰州，组织了一个小戏班，租了一辆卡车，边走边演戏，往西行进，经过了威武、张掖两地，到了酒泉。

1949 年 9 月 25 日，常香玉和她的香玉剧校在酒泉迎来了共产党的和平解放，解放军送给了常香玉一本《在文艺座谈会上的讲话》小册子。在党的领导下，"香玉豫剧学校"进行了内部整顿，并更名为"香玉剧社"。从此，常香玉和"香玉剧社"掀开了新的一页。

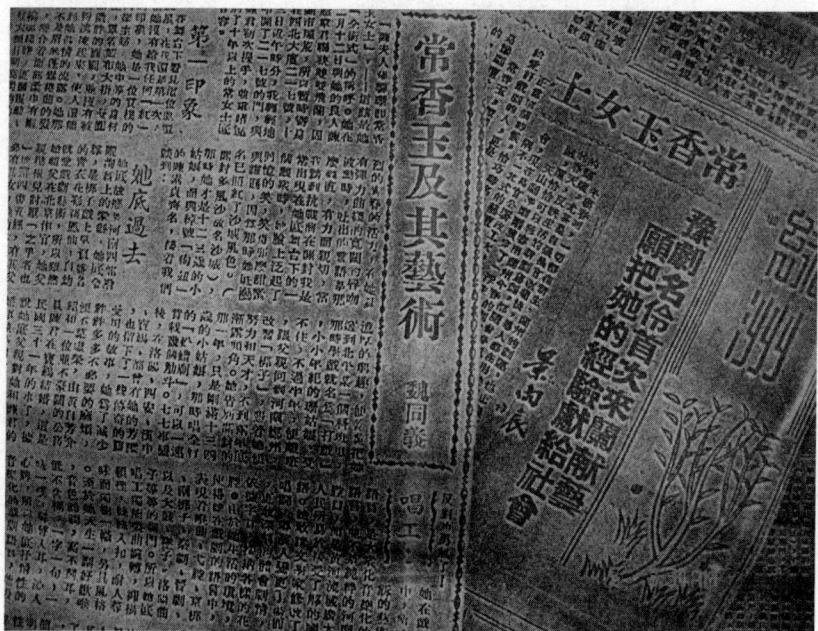

△ 常香玉到兰州演出的报道

贡 献 篇

➡ 捐献飞机

★★★★★

　　香玉剧社于 1950 年 3 月 3 日回到西安，正式定名为"西安香玉豫剧改进社"。常香玉为社长，陈宪章为副社长。

　　1951 年夏季，抗美援朝战争已经进行了两年，中国人民抗美援朝总会向全国人民发出号召，号召大家捐献飞机大炮。

　　常香玉想到新中国给了她艺术家的尊严，想到新中国给了她众多的荣誉——西北文联委员、西北妇联委员等等，她从内心里热爱新中国、热爱共产党，她要尽自己的力量来保家卫国。

　　她向西北局领导送上报告，决定巡回义演 6 个月，用演出收入购买一架战斗机捐献出来支援抗美援朝前线。

　　当时，一架战斗机的价格是旧币 15 亿元，无论对香玉剧社还是对常香玉本人都是天文数字，因为她并不富裕，没有什么财产。不少人将信将疑，也有人说风凉话，说她是"坐飞机吹喇叭——想得高"。

的确，要想在半年内凑够 15 亿元，谈何容易！当时的香玉剧社只有 59 人，演员中大部分是学员，最大的学员 17 岁，最小的才 9 岁，有的晚上还尿床。但常香玉看准的事情，纵有天大的困难，她也要坚定不移地做下去。

她在抗美援朝总会设立了捐献账户，为了捐献飞机，她卖了运戏箱、道具的大卡车；为了捐献飞机，她卖了多年积攒下的全部金银首饰；为了捐献飞机，她拿出了家中全部存款，折合现金 40 万元，作为第一笔捐款汇入了账户。

接着，她向全剧社演职员作了动员报告，动员他们有钱的出钱，有力的出力，给大家一个月时间把家属小孩安排好。并且，她和陈宪章在这 6 个月内除了吃饭，不要一分钱工资，但保证一分不少地发放演职员的工资。全剧社的职工都热情万丈，纷纷表示，一定跟着常香玉把买飞机的钱攒够，半年时间若不够，一年两年都行，直到攒够为止。常香玉的黄金搭档赵义庭等演员也捐献了自己的微薄积蓄。

常香玉这时 28 岁，已经有了三个孩子。大女儿常小玉刚刚 6 岁，二女儿陈小香还不到 5 岁，小儿子四毛陈嘉康才 3 岁出头。常香玉从来没有离开过他们，就是出门演戏也是带着孩子和保姆，但现在这一次义演就像打仗一样，于是，她把三个孩子都送到西安敬业幼儿园。临分别的时候，小玉拉着她的手，小香抱着她的腿，嘉康"哇哇"哭着要让她抱，她狠狠心，硬着心肠掰开孩子的手，让阿姨把孩子抱走，她自己却眼泪"哗"地一下流了出来，一步一回头地哭成了泪人。

常香玉义演捐献飞机的举动得到了党和政府的支持，中共西北局的书记习仲勋和宣传部长张稼夫都对常香玉的爱国行动给予了充分的肯定，还特意选派了三位年轻干部荆桦、马运昌、毛云霄到香玉剧社协助组织捐献义演工作。

　　为了搞好这次捐献义演，常香玉和陈宪章还精心准备了新剧目。既然是为爱国义演，就得演爱国主义剧目。陈宪章只用了四天时间，就根据马少波的京剧《木兰从军》改编成豫剧《花木兰》，并根据常香玉的演唱特点在唱腔和表演上进行了加工，经过紧张的排练，一经首演，立即得到了观众的热烈欢迎和赞扬。

　　1951年8月7日，香玉剧社在西安群众的热烈欢送下，踏上了义演路程，先后到了开封、郑州、新乡、武汉、长沙和广州六个城市演出，受到了中南大区和各省市的党政军首长亲切接见以及广大群众的热烈欢迎。在演出过程中，发生了很多感人的事情：开封的许多农民往返几十里来看捐献戏，许多观众露宿在戏院门口等着排队买票；新乡、武汉、广州的搬运工人，听说义演，都坚决不收搬运费；在托运戏箱和道具时，火车站让优先上车；各地的蔬菜和副食品都优先供应剧社；到广州时，叶剑英让广东省办公厅送去了70顶蚊帐。

　　在广州演出时，有一位从印尼归国的侨胞梁慧珍女士，看完演出，找到常香玉，摘下腕上的金色小坤表说："我爱我的祖国，我也要捐献飞机大炮，我身上现钱不多，就把这只手表拍卖当做戏票捐了吧！"第二天，演出开始前，陈宪章在剧场向观众说明了手表的来历，并开始义卖。观众都被华侨的爱国精神所感染，纷纷出钱购买，10万元、50万元、100万元、200万，最后一位观众用500万元买了回去，他说，这是个永远的珍贵的纪念。

　　在这半年里，香玉剧社共演了180场戏，常香玉场场都是主角，有时累得一下场就躺倒起不来。但她坚持和大家一样睡硬板床、吃炒青菜、煮萝卜的大锅饭，就是感冒发烧、牙疼上火，也坚持演出。

在这半年里，他们演出了《拷红》、《断桥》、《邵巧云》、《如姬窃符》、《黄鹤楼》、《韩信拜帅》、《南阳关》，场场都得到了观众的欢迎，其中《花木兰》最受欢迎，竟演了120场，只要一拉开大幕，掌声一浪高过一浪，除了赞美常香玉的精彩演出，更多的是对剧社爱国热情的赞美和鼓励。常香玉每次演完卸妆后，都有群众在剧场门口等着签名，还前呼后拥，就像欢迎凯旋而归的女英雄花木兰一样。

经过6个月的艰苦奋战，到了1952年2月7日，整整过了半年，义演收入不仅达到了15亿元，还多出了2700万元，超过了一架战斗机的价格。他们立即

△ 颁奖大会现场

把这笔巨款寄给了中国抗美援朝总会。等收到抗美援朝总会的回电和郭沫若会长签署的对"香玉剧社"的嘉奖电文时，常香玉扶着门框激动得哭了。她和剧社终于完成任务了，"香玉剧社号"战斗机将带着常香玉和香玉剧社的爱国心愿，在朝鲜战场上穿云破雾，狠狠地打击美国侵略者；作为母亲，她也可以回家去见三个年幼的儿女了。

常香玉捐献飞机的行为得到党和政府的高度评价和称赞。华南局书记叶剑英观看演出后，亲笔写下了"爱国艺人"的题词。《人民日报》发表了"爱国艺人常香玉"的长篇文章。中共西北局书记习仲勋称他们的捐献行为是"爱国主义典范"。常香玉的这一爱国行为产生的政治意义和社会影响，远远超过一架飞机。

会演获奖

★★★★★

捐献飞机后的香玉剧社引起了整个戏剧界、文化界的关注，1952 年 4 月，经过西北文化部批准，香玉剧社的性质改为民营公助，常香玉仍担任社长，由陈若飞（西北文化部文艺科长）、陈宪章、赵义庭任副社长，荆桦（文化干部）、王景中（编剧）、赵绍惠正式派到剧团参与管理工作。从此，该剧社由常香玉、陈宪章夫妻俩合办的私人性质纳入了国家协助管理的轨道。

1952年10月，天高气爽，金菊怒放，在抗美援朝爱国主义的运动中，全国文化界的戏改工作也轰轰烈烈。为了检验戏改成效，文化部举办了"第一届全国戏曲观摩演出大会"。全国各地剧团纷纷报名，最后选拔了京剧、越剧、川剧、晋剧、豫剧、汉剧、评剧、沪剧、淮剧等23个剧种、100多个剧目参加会演，香玉剧社作为豫剧剧种的代表也被选中参演。常香玉非常激动，她想，能够作为豫剧剧种的演员前往祖国的

△《花木兰》剧照

首都演出，是非常荣幸的，我一定要演出豫剧的风采。

在北京中山公园中山堂举行的开幕式上，周恩来总理发表了重要讲话，他重点阐述了"百花齐放，推陈出新"的文艺方针。指出这次会演是落实"百花齐放，推陈出新"的会演，也是检验戏曲改革成果的会演。参加会演的1600多人都很振奋，都决定演好自己的剧目，学习、观摩好其他剧种。

在开幕式上，香玉剧社演出了《花木兰》，常香玉激情饱满，唱腔细腻，把爱国女英雄花木兰的形象刻画得栩栩如生，激动人心，在整个会场引起了强烈反响，周恩来总理、文化部长沈雁冰、戏剧界名流田汉、梅兰芳、程砚秋、盖叫天都观看了演出，像大家一样鼓起了掌声给予称赞。

10月3日，大会挑选了几个剧目到中南海怀仁堂演出，有湖南花鼓戏《刘海砍樵》，有桂剧《拾玉镯》，有豫剧《拷红》。在礼堂舞台明亮又柔和的灯光下，常香玉把红娘这个机智、活泼又富于正义感的小姑娘演得惟妙惟肖，把豫剧中小旦的那种甜美、柔和、明亮的音色和声韵演绎得行云流水。演完后，正在谢幕，忽然，一个高大魁梧、又熟悉又陌生的身影在众人的簇拥下来到舞台前，边走边招手向台上演员示意。

常香玉惊呆了，这不是全国人民热爱的伟大领袖毛泽东主席吗？他这么魁梧，他这么慈祥，他也来看我的戏了，我这个小"红娘"能有这个资格，多幸福呀！她有千言万语却说不出半句，直到毛主席一行人离开小礼堂，她才回过神来，不知怎么，泪水又模糊了眼睛，常香玉知道自己的性格和毛病，除了演戏，生活中的她很少哭，挨打不哭，生气不哭，愤怒不哭，她的哭多半是喜悦，是激动，是难以言表的复杂情绪才能哭出来。

戏演完后，已是深夜，周恩来总理代表政务院宴请演员，虽然饭菜简单，常香玉却觉得格外香甜。旧社会给地主、恶霸唱堂会，有时被枪押着，有时受人欺负，而现在，在中南海为中央首长演出，还要被宴请，真是当家作主人了。

周恩来总理风度翩翩、温文儒雅，穿着银灰色中山服，手端酒杯请大家喝酒，突然他健步走到常香玉身边，常香玉忙举杯站了起来。

周总理笑着说："香玉同志，你捐献了一架飞机，很了不起，我们感谢你。"

常香玉不知说什么好，伸手将酒杯与总理的酒杯碰了碰，把酒一仰脖喝了下去，亮着酒杯表示了自己的诚意和谢意。

这次会演一个多月，是建国后全国戏曲界的第

△ 全国会演七位获奖者

一次盛宴，美不胜收，在相互观摩交流了戏曲改革的基础上，大会进行了评奖：越剧《梁山伯和祝英台》、评剧《小女婿》、沪剧《罗汉钱》、川剧《柳荫记》、京剧《将相和》、淮剧《王贵和李香香》、越剧《西厢记》、楚剧《葛麻》、秦腔《游龟山》九个剧目获剧本奖；越剧《梁山伯与祝英台》、评剧《小女婿》、京剧《雁荡山》、京剧《三岔口》获演出一等奖……常香玉与梅兰芳、周信芳、程砚秋、袁雪芬、王瑶卿、盖叫天同获荣誉奖。

其他六位都是北京上海两地颇负盛名的戏剧大家，京剧和越调是以细腻、柔婉、优美见长的，而常香玉竟能以一地方剧种，来自偏远的西北城市而被列入荣誉奖，确实是特别不容易，这包含了对她艺和德两方面的肯定，也使豫剧得到了发扬和光大。

→ 和平天使

★★★★★

1952 年 12 月，奥地利维也纳召开了世界和平会议。中国派出了由宋庆龄担任团长、郭沫若担任副团长的 58 人的代表团。成员有茅盾、马寅初、贺绿汀、梅兰芳、金仲华、袁水柏、萧三、常香玉等。

　　常香玉和梅兰芳都要准备演出的节目，需要录制磁带，因此常香玉和梅兰芳没有与大队人马同行，而是最后和郭沫若同机西飞。常香玉准备的是《拷红·佳期》《花木兰·思家》，梅兰芳准备的节目是《贵妃醉酒》和《霸王别姬》片断。

　　郭沫若是著名的诗人、政务院副总理，德高望重，常香玉仰慕已久，她见了郭沫若便尊敬地颔首鞠了个躬，心中琢磨着怎么开口，郭沫若笑容可掬地先开口道："你是'爱国艺人'，如今又要做'和平天使'了！"常香玉脸上飞起红晕，十分不好意思，腼腆地站在郭沫若面前，连声道："郭老，您好！"

　　郭沫若说："你演的《花木兰》，我认真地看了，很好。你的表演质朴感人，尤其是唱腔，优美清新，委婉动听，能把原本粗犷豪迈的豫剧本色，融会在柔婉细腻的表演里，自成一种刚柔相济的新风格。"

　　常香玉笑道："郭老过奖了。"

　　郭沫若认真地问道："具备这样的艺术智慧和才能是要付出代价的，挨过打吧？"

　　"没少挨打，打我最多的是俺爹，他教我唱戏，说戏是苦虫，不打不成。"常香玉实话实说。

　　梅兰芳也插言道："梨园界旧时的规矩不好，小学员学戏都挨打，现在解放了，这些规矩是要改的。"

　　"香玉剧社前期是香玉剧校，我收了 40 多个学生，我不让老师打他们，我不能让他们受我的罪。"

　　"是不是他们罪没你受的大，成就也没你大呀？"郭沫若调侃道。

　　常香玉、梅兰芳都笑了起来。

常香玉在这次和平大会期间，相处最多的是梅兰芳。常香玉幼年学戏时，就把梅兰芳视为艺术上的偶像，在她认识他以后，她是把梅兰芳当做老师和长辈来尊重的，虽然在首届全国戏曲会演中，她与梅兰芳同获荣誉奖，但她丝毫没有减少对梅兰芳的尊敬。

梅兰芳非常有修养，对人也十分诚恳、亲切，他视这个代表团中最小的常香玉为晚辈，喊她"小妞儿"，他赠送给常香玉十六张签名照，告诉常香玉："演戏要认真，假戏真做；做人要正直，真诚待人。要别人关心自己，自己也要关心别人。"他是这样说的，也是这样做的，他在会议休息期间为自己擦皮鞋时，竟连秘书的鞋也一齐拿来擦。常香玉正好路过，心中很惊诧，也暗暗检查自己，自己在艺术上是严格的，但在生活上往往是别人照顾自己多，自己比较疏忽对别人的关心，这一点今后还要向梅先生学习。

在维也纳的世界和平大会共开了8天，参加大会的有85个国家，1880个代表，尽管大家的政治、宗教信仰和阶层不同，但所有国家代表的意愿是相同的，那就是："我们要和平，我们不要战争！"

在这次大会上，常香玉深深感到了新中国在世界人民心目中地位的上升。当宋庆龄团长发言时，各国代表的掌声经久不息，中国代表团代表走到哪里，都受到人们极大的尊重。常香玉还在维也纳参加了两次妇女界的集会，一次是国际民主妇联举办的，一次是维也纳妇女界举办的。在招待会上，史良部长报告了中国妇女工作和生活的情况，她介绍道，在新中国的各种职业中，各个机关里都有妇女参加，而且享受到与男子完全平等的地位。各国的妇女代表发出了"咿"的欢呼声，表达了她们对新中国妇女的羡慕，常香玉也感到了作为中国妇女的荣誉感。

在维也纳人民举行的火炬游行中，三万多群众举着写有和平的旗帜，与和平大会代表联欢，游行队伍走到中国代表团站立的队伍前，不

△ 常香玉参加世界和平大会

少人把手表、钢笔、红领巾往中国代表的手中塞，一位老太太把一个可爱的娃娃抱到常香玉面前，让她亲一下，常香玉深情地亲了亲这位白皮肤的洋娃娃，心中说："娃娃呀，我这辈子会尽我全部的力量让你们幸福的。"

会议结束后，中国代表团还应邀访问了匈牙利和苏联。在莫斯科停留期间，梅兰芳和常香玉同台演出。常香玉这是第一次在国际舞台上演出，心中不免有些紧张。梅兰芳走到她的身边说："妞，不要害怕，我就站在场门口，你下不来台，有我圆场。"常香玉演出时，梅兰芳不时翘起大拇指示意鼓励，台下响起掌声时，梅兰芳也鼓掌祝贺。常香玉得到梅先生这样的鼓励和支持，在台上把"红娘"和"花木兰"刻画得

△ 常香玉扮演的红娘

更准确了，唱腔也唱得更优美了。

演完以后，常香玉找到梅兰芳："梅先生，我想请您给我把把脉，请你指出我的不足之处，我再努力。"

梅兰芳见她求教十分诚恳，也不客气地说："妞，你的演出让我领受到豫剧的魅力，你的嗓音、眼神都很好，就是走台步、跑圆场时有点猫腰，以后要注意。"

常香玉听后，为自己有这样直言不讳的良师益友，对自己这样呵护和指导而感到由衷的高兴。

在莫斯科时，中央人民政府副主席刘少奇正在苏联养病，经王光美同志的通报，刘少奇接见了常香玉，并写了"和平万岁"的题词赠给她。

常香玉捧着这四个字，她的耳朵里仿佛听到了在开封时躲避日寇飞机的警笛声，她的眼前仿佛出现了西安民乐园前被炸死的艺人陈树生和韩保昌师傅的惨景。她深深地感到和平的重要，她觉得自己不仅要在世界人民面前唱出和平心声，她还要早日到朝鲜战场去为保家卫国的志愿军们唱戏鼓劲，早日停止战争，获得和平。

然而，早在4月份常香玉参加首届会演后，总政文化部的同志就已经通知香玉剧社准备赴朝慰问，还商定了演出的节目和人员组织工作，国庆节后还给香玉剧社的每个演员发了一件崭新的灰色军大衣，但后来又通知缓行。现在又过了两个多月，啥时候才能真正成行，奔赴朝鲜战场慰问我们最可爱的亲人呢? 常香玉在回国的火车上，无心观看窗外美丽壮观的雪景，"和平"两个字一直晃动在她的眼前。

→ 赴朝慰问

★ ★ ★ ★ ★

常香玉随同中国代表团回到北京后，便迫不及待地找到总政文化部宋之的同志，要求赴朝慰问。宋之的告诉她："快回去准备吧，不久就会通知你们起程的。"

回到西安后，常香玉急忙把这个好消息告诉了自己的丈夫陈宪章。

"那好哇，我们剧社演员天天都在盼着呢。"陈宪章也高兴地笑了起来，并且体贴地为常香玉冲了一碗藕粉。

"宪章……"常香玉大眼睛忽闪着，突然吞吞吐吐起来。

"怎么啦，你？"陈宪章感到奇怪。

"我经常恶心，又有了，怎么办？"常香玉说。

"哦，又有了，真不是时候。"停了一会儿，陈宪章安慰说："我跟你一块儿到朝鲜，我会好好照顾你和肚里的小宝宝的。"

"在火车上我一直在考虑，昨夜我也没休息

好，我想，到朝鲜去慰问志愿军，挺个大肚子在战场上、坑道里是演不好戏的，不但慰问不成，反而还需要人家照顾我，这哪儿成呀？"

"那怎么办？"陈宪章也十分为难。

"流产！"

△ 在朝鲜为志愿军演出

陈宪章握着常香玉的手："你不怕吗？"

"花木兰替父参军十二载，我学习花木兰上前线，当然要做一点牺牲了。"常香玉咬紧嘴唇说。

次日，常香玉躺在西安市人民医院妇产科手术台上，只听见医生的医疗钳、剪子在瓷盘里丁丁当当，吸盘器在肚子里搅得丝丝作响，有时一抽一抽拽得生痛，她眼闭着默默地祈祷道："小宝宝，妈妈对不起你，妈妈让你还没出生就到天国中去了，妈妈老了以后到天国去，第一个就去看你，把你抱在怀里好好亲亲，妈妈唱段戏给你听吧。"她轻轻地哼起"三哭殿"银屏公主的唱段"自幼儿生长在昭阳正院，父王疼国母爱呀胜过儿男……"

医生、护士们彼此交流着眼神，她们不知常香玉哼着唱腔，是为减少身体上的疼痛还是职业使然。此时的中国，由于数年来的战争，人口只有四亿多人，1949 年统计时，人均只有 35 岁的寿命，而且抗美援朝战场上士兵的牺牲在所难免，因此，当时的国家不限制生育，人多力量大是官方的正常思维。中华民族老百姓多子多福的传统观念也占主导地位，对中国影响最大的苏联老大哥的国家对生育多的女性还冠以英雄母亲的称谓在中国传为美谈，而这时正处生育年龄的常香玉主动到医院流产便显得另类，显得富有悲壮的意味，无论常香玉此时为了什么而哼戏，她都是一种舍己爱国的行为，医务人员的眼神由不解变为了感动、变为了敬佩。

1953 年 3 月，抗美援朝战争到了决战阶段，中国的西北大区组成了中国西北人民赴朝慰问文工团。其中第五团团长是西北艺术学院教务处长钟纪明，副团长是常香玉、西安易俗社社长杨公愚、新疆歌舞团团长巴吐尔。慰问团下面组成 5 个演出队，有秦腔队、曲艺队、木偶队、新疆歌舞队、豫剧队，一共 150 多人。慰问团先在边境城市安东市作了短期停留，大家学习了战地生活的最基本知识和动作，也对要带去的文艺节目进行了加工和排练。豫剧队的陈宪章和香玉剧社的专职编剧王景中对《花木兰》逐字逐句又细腻地加工改动了一遍，大家又制定了"互助公约"进行自律。但很快人们就焦虑起来，急切地盼望早日奔赴朝鲜慰问亲人。

豫剧队由香玉剧社的40人组成，临行前香玉剧社一分为二，在西安也留了40多人。同时又借调了兰州的常香玲等过去的一些老演员充实到香玉剧社坚持在西安演出。到朝鲜的豫剧队40人配置的角色行当齐全，能够演出《花木兰》、《铡美案》、《黄鹤楼》、《韩信拜帅》、《南阳关》、《断桥》、《拾玉镯》等剧目。队长由陈宪章担任，副队长由荆桦和赵义庭担任。

1953年4月1日夜晚10点钟，慰问团像部队行军那样准时出发。当车行至鸭绿江大铁桥的时候，那钢架高耸的雄伟气势、汹涌奔腾的江水，使慰问团的演员们心中都产生了一种庄严神圣的感觉。

不久，慰问团就来到朝鲜边境城市新义州，这座城市和安东市只有一江之隔，却已是一派战争的残酷景象，满目尽是残垣断壁，有几处刚刚炸过的地方还在冒着腾腾的白烟。在公路旁边，许多朝鲜妇女在修路。傍晚，到达了朝鲜民主主义人民共和国的首都平壤。此时的平壤已经看不到一栋完整的房屋，到处都是碎砖烂瓦和烧黑的梁柱及残破的家具，只有街道，为了车辆通行，将数不清的大大小小的弹坑用黄土填平了。

当晚，慰问团的人员只能分散住到农户家里。

常香玉住在一位姓金的房东老大娘家里，老人60多岁，灰白的头发，白衣白裙，满面忧伤。但她在接待常香玉一行时，却极为礼貌、周到和慈祥。她家的五间房屋被炸塌了三间，院子里挖有防空掩体。当常香玉把被褥铺好准备就寝时，金大娘打开小柜，取出散发着芳香的苹果，推到常香玉面前，说道："吃吧，闺女，你们老远到朝鲜来，够辛苦哇。"

"阿妈妮，您会中国话？"常香玉惊奇道。

"我老伴到东北做过生意，我在中国生活了几年。"老人说道，她搂过自己9岁的外孙女，娓娓道起了她的家世。

金大娘原有一个幸福的家庭，儿子、儿媳是教师，女儿是医生，家庭和睦、幸福。美军轰炸平壤时，老伴、儿媳都炸死了。现在儿子参加了人民军，女儿也上了前线，女婿也参加作战去了，两年来没有得到他们的一点儿消息，目前只有她和外孙女一起相依为命。说到这些事，金大娘并不流泪，很坚强地叙述着。

常香玉把苹果又塞到小女孩手里，对大娘说："阿妈妮，我不会打仗，但我们要用歌声鼓舞志愿军和人民军，一定让他们早日赶走美国侵略军。"

4月4日，慰问团来到了第一个慰问地区——志愿军第三分部。赴朝文工团第五团在欢迎大会上和朝鲜前线的志愿军后勤部队的同志们见了面。在掌声和欢呼声中，在彩色纸片的飞舞中，同志们像办喜事一样，把慰问团的同志迎到了山洞里。

"向祖国亲人献花。"有人宣布道。立即就有志愿军的文工团员向慰问团演员献上一束束鲜花。一位文工团员动情地说："我们这花是开放在朝鲜土地上的胜利之花，请亲人们把花带回去。"

在毛主席像前，钟纪明团长、常香玉副团长高举着鲜花，激情澎湃地回答道："我们一定把鲜花带给毛主席。"

当天晚上，常香玉就为大家演出了香玉剧社捐献飞机义演中最精彩的节目《花木兰》。志愿军大部分没看过豫剧，但是对于花木兰爱国事迹和英雄气概都非常熟悉。对于常香玉激昂婉转的声调和明快细致的动作，也觉得十分亲切。大家尽情地欣赏着祖国亲人的演出，演出结束后，几乎快到天亮了。

给志愿军战士们演出，常香玉觉得这是二十多年演出中最光荣的事。她给香玉剧社制定了工作信条："学习志愿军的爱国主义和国际主义精神。"她也给香玉剧社制定了灵活机动的工作方法，在山洞里，在坑道里，演出的地方有大有小，灯火有明有暗，能演大戏的就演大戏，不能演大戏的演折子戏，更小的地方，比如在兵站里为站岗的战士，在志愿军汽车驾驶室里为司机，在伙房里为炊事员，在卫生所为伤兵，就清唱和干唱。坑道低了，不能穿高底靴，就穿薄底靴，头盔戴不起来，就用软巾代替。能演大戏时，40多人就担任130多人的工作。一个人演两个人角色，一个人办三个人的事。当分组慰问时，一个演员演主角，也演配角；演正兵，也演反兵；干前场活，也在后台打水、叠箱。就连12岁的刘凤琴这个小演员，在《花木兰》中饰演弟弟花木棣，没有戏的场次中她有时扮正兵，有时演反兵，也担任了三个角色。

常香玉虽说是副团长，要参加座谈会，要讲话，要参与慰问团五个演出队的行动策划，但豫剧队的演出她仍然是主演，几乎场场不落。在坑道礼堂时，空气不能对流，观众多时，非常闷气，常香玉那刚刚做过流产的身体常常发软，唱着唱着，心中也常常犯呕，她就强把酸水咽下去，在换场时赶紧吃点人丹或八卦丹，再继续坚持往下演。

第二个慰问地点是到一军慰问。为了防止空袭，大家都是晚上行军。4月中旬晚上9点多钟，汽车在一座傍山建筑的礼堂前停了下来。伴着手电筒的亮光，一军的军长黄新廷、政委梁仁芥都前来迎接。一军的两名女文工团员献给常香玉一束用松树枝叶烘托的纸花。礼堂的门外，黑压压的人群夹道欢迎，热烈的锣鼓声伴随着此起彼伏的口号声：

"热烈欢迎来自祖国的亲人！"

"向来朝慰问的文艺工作者学习！"

"向爱国艺人常香玉同志学习！"

常香玉和慰问团的同志都被这种热烈的气氛感染，非常激动。忽然，常香玉双脚离地，身子被人抬起来了。原来是一群女战士无法表达对祖国亲人的感情，就把常香玉一直抬到了舞台正中才轻轻放下。

山洞礼堂里是另一番景象：台口悬挂着几盏雪亮的汽灯，主席台上摆着一列长桌，桌上铺着崭新的军毯，两个用炮弹壳制成的花瓶里，插满了做工精细的纸花。台下，坐满了服装整齐的志愿军战士，许多战士胸前佩戴着勋章和军功章。

掌声持续了很久才停息下来，先由军首长致欢迎词，接着钟纪明团长致慰问词。这时，有许多战士递条子，要求常香玉讲话。此时常香玉已化好妆，尚未穿演出服装，为了回报志愿军的热情，便带妆上台讲话。她刚刚开口说："志愿军英雄们，亲爱的同志们，你们辛苦了！"

话音未落，就被掌声淹没了。待掌声停息下来。常香玉接着说："同志们受祖国人民的委托，跨越万水千山，踏雪卧冰，浴血奋战，英勇顽强，抗击强敌，挫败了美国侵略者的疯狂气焰。你们用鲜血援助了朝鲜人民，用生命保卫了祖国的安全，为中国人民和全世界爱好和平的人民长了志气。祖国人民感谢你们，我们要向英雄的人民志愿军学习。"观众席又滚过一阵暴风雨般的掌声。

欢迎仪式结束，慰问演出开始，先是由军文工团表演几个曲艺节目，其中还有一个欢迎祖国人民慰问团的诗朗诵。接着刘凤琴用豫剧板式演唱《志愿军们打胜仗》，只见她辫梢上扎着粉红色的蝴蝶结，身穿浅蓝色的连衣裙，红红的小嘴唇一开一合，饱含深情的歌声就飞扬起来：

> 志愿军叔叔们打胜仗，
> 我们慰问到前方。
> 千山万水虽然远，
> 祖国的人民心意长。
> ……

这篇即兴之作，是香玉剧社专职编剧、慰问团豫剧队副队长王景中同志在赴朝途中写的豫剧小唱，其唱词情真意切、生动流畅，倾注了作者对最可爱的人的满腔敬重和爱国热忱。由12岁的刘凤琴和13岁的范玉清分别在两个组演唱。而这时刘凤琴刚唱完，便被战士们抱下台来，举到头顶传来传去，小小的刘凤琴始料不及，咯咯咯地笑着惊叫着。

常香玉与香玉剧社的同志每日每时都沉浸在与志愿军战士心心相印的温暖的海洋里。常香玉对丈夫陈宪章说："你和景中尽快为志愿军们写一个豫剧出来吧。"

同时，志愿军们也把一封封决心书送到慰问团里。有一封决心书是这样写的："听到你们的声音，就像是听到了祖国的声音。请转告祖国人民：我们决心抗美援朝到底，随时准备粉碎敌人的任何冒险进攻来保卫祖国人民，保卫香玉剧社一个个十几岁的小妹妹。"

朝鲜的春天是很冷的，因为经常夜行军，加上连续演出，到达六十三军的时候，常香玉因感冒引起发烧，曾经动过手术的肋部，这时也阵阵发疼。为了不给志愿军增加麻烦，香玉服用了随团医生给的一般药物，当天晚上就提前休息了。次日一早，军长傅崇碧和政委龙道权到驻地来看望常香玉，他们身后跟着一位戴黑色宽边眼镜的军医和一位活泼可爱的小护士。傅军长进房后大声说道："哎呀，对不起，对不起，把我们的香玉同志累病了！我和政委刚刚知道，要是出了问题，怎么向祖国人民交代！"

常香玉边让座边说："不要紧，一点儿小感冒，很快就会好的。首长这么忙，还来看我，实在叫人过意不去。"

傅军长说："你来到这里，我们就要对你负责。艺术家是国家的财富，不能让你的身体发生任何差错。"说到这里，军长面向军医："赵教授，请您给香玉同志仔细诊断诊断。"

噢！是医学教授，他也到前方来了。常香玉用尊敬的目光注视着他，赵教授量了量香玉的体温，用听诊器听了听心肺，看了看舌苔，问她有哪些不适的感觉，说要打一针。小护士十分熟练地消毒、安针头、吸药水，极其轻柔地进行了注射。赵教授留下几包药，写明了服量和次数。

这时，文雅的龙政委说："感冒是歌唱家的大忌，它容易使喉咙发炎，引起声带充血、嘶哑，弄不好，十天半月恢复不了。要是出现这种情况，你演不成戏，我们也看不成戏，那该多急人啊！"

"没想到，龙政委在这方面是个内行。"常香玉说，"今天晚上我就演出，不能让首长和战士们空等。"

政委温和地说："香玉同志，不要着急，晚上是绝对不能演的，明天晚上能不能演，还要看你身体恢复的情况。等到病治好了，您尽情地演，我们尽情地看，一下子唱它三天三夜，让战士们看足看够，岂不皆大欢喜！"他的话把大家都逗笑了。

这时，龙政委从怀里掏出一个白布包，然后小心翼翼地打开，原来是两个鸡蛋。政委指着鸡蛋说："在前方，搞到鲜鸡蛋很不容易。这两个鸡蛋，是刚才从朝鲜老乡那里买来的，也可以说是才从鸡窝里掏出来的。用它冲成鸡蛋穗，加上白糖，清嗓子败火。"说到这里，他把鸡蛋递给香玉："你摸摸，还热着哩！"常香玉捧着微温的鸡蛋，热泪不禁夺眶而出，在场的人也都格外激动。

为了多慰问一些地方，豫剧队分成两个分队，一队由常香玉、陈宪章、荆桦等人组成，一队由赵义庭、李兰菊、马兰香、赵锡铭等人组成。分别到前线的西线和东线演出。运载演员的汽车多是夜间行军，在山区盘旋公路时，由于有树木山岭，敌机不容易飞行和侦察，但去战场前线有一片开阔地，往来车辆必须经过此地，因此美国侵略者就用飞机封锁绞杀。但载运慰问团的卡车司机都是在志愿军中屡建功勋的功臣，有躲避轰炸和与敌机周旋的经验。他们知道，美国飞机在开阔地上空是实行值班制的，每班有九架飞机，分为三组，每班半个小时，轮流在上空侦察、轰炸。志愿军的司机练得一手好技术，多是闭灯行驶，有时开着小灯，听见防空枪声，立即关灯。敌机无法发现目标，就在投炸弹之前，先放照明弹，照明弹悬在半空，5平方公里之内亮如白昼，然后敌机对准目标投弹。但是，敌机扔照明弹时，不能立即轰炸，它要调转回头，盘旋两三圈之后，才能投弹。志愿军司机趁敌机扔下照明弹之后，迎着亮光，高速冲刺，待敌机调转回头，汽车早已冲过照明弹的光区，开出二三十公里。有时前面敌机正好放下第一阵炸弹，但它与第二阵炸弹之间要间隔15分钟，在这中间也是志愿军司机抓紧行驶的时候，这样一次次地前移，就穿过了封锁线，回头一看，路上全是坑，几乎拧成麻花了，到白天时，朝鲜老百姓就会扛锹去把它填平。

在前线演出时，虽说在坑道临时剧场，但也是非常危险的，敌机常到剧场附近疯狂轰炸，炸得坑道摇撼，碎石尘土纷纷下落。有一次常香玉正在演唱《花木兰》，敌机又来轰炸了，会场的汽油灯被震灭了，舞台被震得阵阵抖动。但常香玉仍然镇静地演唱，一直唱到剧终，战士们也在黑暗中一动不动地坐着听常香玉唱戏。常香玉身先士卒的精神也鼓舞着剧社其他演员。长期与常香玉搭档的小生赵义庭在另一分队为战士演出，往往一次连演四个钟头，也从不叫苦叫累。

为了让伤员也能看上文艺节目，有时就把伤员抬到慰问团住的山洞里再演唱给他们看。演唱完后，许多女演员都给伤员缝补衣服。常香玉身上带着针随时为战士们缝补，一次常香玉去访问在密集炮火下七次接通电话的吴松贤，她看到吴松贤肩头的衣服烂了，就边听他讲述战场的战斗过程边为他缝补衣服，她那慈爱的面容、一针一线的动作使得吴松贤非常感动。他忍不住激动地说："常团长，我感到你就像我的妈妈一样，我一定多消灭敌人来报答你。"

常香玉笑了，她才30岁，哪里能拥有这20来岁的儿子，她忙说："我如果能有你这样勇敢的弟弟，我就太光荣了。"

一连两个多月的慰问演出，香玉剧社的演员们都很疲劳，特别是香玉剧社的学员、人称"大师姐"的赵玉环，在朝鲜逝世了以后，大家心中都非常难过，慰问团特地安排大家休整三天。

休整过后，是"六一"国际儿童节，慰问团受邀请来到没受炮火摧残的中立区——开城。在开城小学门前，无数的朝鲜儿童身着鲜艳的民族服装，手摇着花环，用汉语喊着"欢迎，欢迎，热烈欢迎"，夹道欢迎着慰问团演员。当朝鲜民主青年同盟的负责人告诉常香玉，这些孩子们大部分都是孤儿时，常香玉想起自己留在祖国的几个孩子，觉得他们生活在和平的中国真幸福，而自己来到朝鲜为保家卫国的战士演唱，也是为了孩子们的幸福。

慰问团前往为和平事业献身的姚庆祥烈士墓前

敬献了花圈。祖国的儿女为了和平，把自己的骨灰都留在了朝鲜，常香玉一行心情非常沉痛，慰问团决定将节余的两万多斤粮食捐出来救济朝鲜灾民。钟纪明、常香玉和小演员刘凤琴还把他们为志愿军某部报纸写稿所得的稿费八十万元（旧币）也拿出来救济朝鲜灾民。

在开城和开城前线演出的一个多月中，慰问团分别为朝鲜停战谈判朝中代表团、朝中人民军队和朝鲜人民演出了48场，也收到了400多封观众的表扬信和感谢信。

《朝鲜停战协定》于1953年7月27日，在开城东南8公里处的一个小村——板门店举行了签字仪式。次日，慰问团突然接到志愿军司令部的通知：彭德怀总司令要接见慰问团的全体同志。

老成持重的钟纪明团长最先得到这个消息，当他向大家宣布这个喜讯时，胡子早已刮光了，他那多皱的脸庞，好像年轻了十岁。常香玉特地换了一身不常穿的衣服，把头发一分两半扎了起来，显得很是精神。两个12岁的小演员被嘱咐为彭总献花，她们提前化了妆，辫梢飞舞着蝴蝶似的绸带，脖子上围着鲜艳夺目的红领巾。

早饭后，慰问团第五团全体同志和十九兵团司令部的干部们整齐地坐在礼堂里，大家露出幸福的神色，兴奋而安静地等待着。

上午9时半，兵团司令员韩先楚和兵团政委、政治部主任陪同钟纪明团长、常香玉副团长向山下走去，荆桦副队长挎着照相机和两个"红领巾"演员跟在他们后面。他们要在山下的大路边迎候彭德怀总司令。

10点整，从公路南端飞快驶来两辆美式吉普，把翻卷的烟尘抛在车后，在他们面前戛然停下了。接着，第一辆车门打开，彭德怀司令员敏捷地下了车，向他们健步走来。

两个"红领巾"跑得最快，她们站在彭总面前，行了少先队礼，说声"彭伯伯好！"双手把鲜花捧上。彭总接过花束，满面笑容，慈祥地看着两个孩子，用手摸着她们的头发，说道："好哇，红领巾也到前方来啦！怕不怕呀？"两个小朋友齐声回答："不怕！"彭总笑了，说："你们很勇敢，好样的。"

兵团首长们给彭总敬礼，说："彭总辛苦啦！"彭总说："我不辛苦，辛苦的是你们。"

韩司令员向彭总介绍常香玉的时候，彭总握着常香玉的手，高兴地说："咱们是老相识了，我在西安看过你的戏，你和你的剧团捐献了一架飞机，这种爱国精神是了不起的，我们志愿军感谢你！"

常香玉忙说："不，不，我们做得很不够，比志愿军差得远。志愿军流血牺牲，保卫了祖国的安全，应该感谢志愿军。"

彭总说："你很谦虚，这很好。抗美援朝保家卫国，我们都有责任。这叫互相支持，互相鼓舞，对不对呀？"

"对，对。"常香玉激动地回答。

彭总刚走进礼堂，场内立刻响起热烈的掌声，他几次摆手，人们才停息下来。只见彭总面色黑中透红，目光坚毅、严肃，炯炯有神。粗硬的头发中已杂有根根银丝，一身洁净的半旧军服，整个人质朴、平易，真是一个伟大又平凡的铁将军。

韩先楚司令员简短致词后，接着请彭总讲话，礼堂里又是一阵雷鸣般的掌声。

面对台下300多双崇敬、期待的眼睛，彭总缓缓站立起来，他腰板笔直，神态庄重，声音洪亮有力："同志们代表祖国人民，来朝鲜慰问，大家辛苦了！我代表志愿军向来自祖国的文艺工作者表示感谢！"

"我昨天在板门店签了字，这场战争终于打到底了。毛主席说过：'凡是反动的东西，你不打他就不倒。'对于美帝国主义者，更是这样，只有狠狠地打他们，把他们打疼了，他才会老实起来。要不是打疼了，美国佬绝不会坐下来和我们谈判。"

"战争开始的时候，一个美国将军说过，朝鲜战争是无边、无底的，中国人必将陷入无底的深渊。这是吓唬人，海洋那么大，也是有边、有底的嘛，打了三年，不就见底了吗？他美国离朝鲜几万里，朝鲜人民并没有去请他，谁叫他们来咬人？既然找上门来，中朝人民就不客气，就要狠狠地揍他，小米加步枪就是要打败他们的飞机、大炮！"……

大家出神地听着，彭总连一口水也没有喝，一气讲了四十五分钟。他那深刻、精辟、充满信心、饱含鼓舞力量的话语，深深地打动着慰问团的演员，使他们忘记了时间，忘记了疲劳。

下午，慰问团得到通知，晚上彭总要看慰问团的演出，演员们都很振奋，提前去后台化妆，几个平时好说好笑的青年，此时也鸦雀无声了。他们在保护嗓子，积蓄精力，要尽力把戏演好。

夜幕降临的时候，指战员们精神饱满、井然有序地坐在礼堂里，前面空着一排座位，那是给彭总一行留下的。礼堂内的长桌和条凳全是用朝鲜红松做成，未能上漆，散发着新鲜木头特有的清香。礼堂不大，仅能容纳五六百人，是志愿军自己动手建成的。礼堂侧面，矗立着一座葱郁苍翠的山峰，使礼堂不易被敌机发现。前天，大家在里面演出时，为了防止空袭，窗户上蒙着厚厚的防雨布，场内十分闷热；现在已经停战，防雨布统统摘掉了，舞台上四只五百瓦的大灯泡，照得全场通明,灯光透出窗洞,礼堂外面也是明晃晃的。这个突然的变化,使大家将信将疑,真的停战了吗?不怕敌机发现目标了吗?

晚上7点半钟,台下响起了热烈的掌声。彭总走向座位,亲切地向指战员们频频招手,然后缓缓落座。

前面是歌舞节目,首先由西北艺术学院音乐系的王霞同志独唱陕北民歌《宝塔山》。常香玉看到彭总随着音乐节奏,右手轻轻地拍着左手,嘴唇在轻轻翕动,很显然,彭总的心已飞到他曾经居住过多年的陕甘宁边区了吧!她想,自己演唱豫剧,也要注意吸收姊妹艺术的营养,演出以后,一定要与王霞交流一下歌唱的心得。

接着是新疆歌舞团维吾尔族姑娘瓦霞独唱《新疆好》。她用维吾尔文、汉语各唱一遍,那一串长长的花腔拖音,犹如行云流水,响彻九霄。透过她那悦耳迷人的歌声,使人自然而然地联想到一幅十分美好壮丽的图画。常香玉觉得,花腔拖音与豫剧拖腔有异曲同工之处,都是为了表达人物强烈的感情,自己一定要学习更多的东西,以形成自己独特的艺术风格。

歌舞节目演完,开始轮到常香玉出演《花木兰》了,随着一阵响亮急促的打击乐声,那饱含中原泥土气息的豫剧弦乐拉起了前奏,激越,柔婉,缠绵,深沉,荡气回肠,沁人肺腑,从花木兰机房织布、可汗征兵、父女比武、女扮男装、村头送别,唱到征途相遇，一场紧接一场，一浪高过一浪。当另一位应征兵士刘忠对出征不满，发出怨言时，花木兰对他晓之以理，喻之以义，耐心劝道：

刘大哥再莫要这样盘算，

你怎知村庄内家家团圆，

边关的兵和将千千万万，

谁无有老和少田产庄园，

若都是恋家乡不肯出战，

怕战火早烧到咱的门前。

唱到这里，细心观看的彭总带头鼓起掌来。

演出结束，有节奏的掌声此起彼伏，彭总由十九兵团首长陪同上台，和演员们一一握手，他特地把一束鲜花献给了常香玉。彭总大声说："同志们的演出很精彩，我们都爱看。向大家表示感谢，祝贺你们演出成功！"他接着对常香玉说："你唱得好，表演好，每个字每句话我都听得清，这很难得。《花木兰》这出戏有教育意义，可以给战士们多演。封建社会的妇女能这么勇敢，女扮男装，血战沙场十二年，这种英雄行为是了不起的。花木兰的爱国精神应该发扬。"彭总精力旺盛，容光焕发，谈得兴致勃勃，好像把战争的疲劳全忘掉了。

彭德怀司令员接见慰问团以后，常香玉率领的豫剧队于8月3日出发到志愿军总部，到政治部、后勤部、工程兵指挥部等直属单位进行慰问演出。往日行军都是在夜间，看不到朝鲜的山光水色，这一次万里无云、艳阳高照，朝鲜美丽的山河在演员们眼前铺展开来，大家唱着歌，心中高兴极了。

常香玉却坐在车内沉思着，她想到：在旧社会我不懂政治，但是在战火中，我懂得了我们的幸福生活都是英雄们的鲜血换来的，都是在

△ 常香玉和空军赠送的"香玉剧社号"飞机模型

毛主席、共产党领导下取得的，我从今以后，要进一步服从党的利益，只要党需要，我可以牺牲个人利益。她又想到豫剧队的演员赵玉环，现在停战了，而她却永远留在这三千里美丽的河山了，她心中又非常难过。

8月27日，常香玉率领着慰问团在朝鲜历时近半年，终于结束了慰问，依依不舍地告别了中国人民志愿军，离开了朝鲜。

香玉剧社回国路过安东，受到军民的热烈欢迎，接着又到沈阳公演，沈阳是志愿军空军的驻地，空军准备向常香玉赠送一个纪念品。常香玉就提议召开慰问会，因为空军飞行员和地勤人员，都需要守候在机场上执行任务，所以慰问会和演出就在机场举行。

慰问会上，空军代表捧着一个用玻璃罩着的飞机模型，热情洋溢地说："香玉剧社在我们与敌人艰苦拼搏的时候，捐献了'香玉剧社号'战斗机，这不仅是代表祖国人民对志愿军的大力支援，还在精神上对年轻的中国空军给予激动人心的鼓舞，充分体现了常香玉同志和她带领的香玉剧社全体同志崇高的爱国主义精神。"接着他介绍说，这架飞机模型是用我方空军击落的美机残骸制成的，今天赠给常香玉和香玉剧社，一是表示谢意，二是表示志愿军保卫祖国、

△ 常香玉饰演的花木兰

保卫和平的决心。

常香玉怀着无比激动的心情，接过了空军健儿用鲜血换来的飞机模型，这是一架精巧的一尺多长的飞机，底座有一根圆圆的钢柱，托着机身，精致的玻璃罩子罩得严丝合缝。正当常香玉捧着飞机模型还没有放下时，突然，晴朗的天空响起了马达声。

"飞将军从重霄入"，原来，空军飞行员韩德彩接到通知，架着真正的"香玉剧社号"战斗机，从400里外的一个空军基地飞到了沈阳机场的上空，又滑翔在机场的跑道上，来欢迎常香玉和香玉剧社。

"飞将军"从飞机里走了出来，顷刻间，虎背熊腰、膀阔腰圆的英俊飞行员韩德彩出现在大家面前。

"欢迎空军战斗英雄韩德彩……"欢呼声顿时响彻了机场。

常香玉情不自禁地跑上去，与韩德彩紧紧地握手，又热烈地拥抱起来，中国人是含蓄的，此时此刻，唯有拥抱才能释放心中爱国的激情。常香玉又把空军刚献给她的一束鲜花献给韩德彩。

机场上的新闻记者手疾眼快，立刻拍下了这个军民联欢的镜头。

接着，激越高亢的锣鼓声响起，常香玉与香玉剧社的演员当场在机场演起了豫剧《花木兰》，而此时此刻，饱含着爱国主义情感演出此剧，怎能不情真意切，怎能不带给空军战士极大的艺术享受。

常香玉看着机场上热烈的场面，兴奋地感到：在这样的年代这样的岁月，爱国主义剧目《花木兰》，是最受中国军民欢迎的，仅仅在朝鲜战场，就演出了120场。她也明白了一个道理，作为一个豫剧演员，只有演出与人民心心相连的剧目，才能获得长久的艺术生命力。

→ 入党风波

★★★★★

　　入党，一直是常香玉多年的愿望。北京的梅兰芳入党了，武汉的陈伯华入党了，广州的红线女入党了，上海的袁雪芬也入党了，只有河南的她，一直在党的大门外徘徊，她心里十分着急和焦虑。一天不入党，常香玉就觉得自己的心与党贴得不近；一天不入党，她就觉得自己是外人，无法表达她对党的那份忠诚和热爱。

　　1956 年，香玉剧社回到河南，和其他剧团一起，组建了河南豫剧院，常香玉担任院长，陈宪章担任了豫剧院剧目组组长。常香玉把香玉剧社的戏箱和一万元现金全部交给了国家，并主动将自己的工资从 500 元降到 300 元。

　　1957 年"反右"斗争时，河南豫剧院解除了陈宪章担任的剧目组组长的职务，派他到图书馆去整理古书，还有人让常香玉填写"右派登记表"。

　　陈宪章经过深思熟虑，对常香玉说："咱俩离婚吧，我在旧社会任过职，因为我，你这些年都不能入党；因为我，人家说你与我划不清界限。现在'反右'，你要不与我离婚，不划清界限，恐怕难以过关。你只有与我离婚，才能入党，才能当个人民的好演员。"

常香玉找到单位党总支书记郑重地说："现在陈宪章被撤职了，有人提出要我跟他划清界限，他也提出离婚，我不同意。但又不知这样会不会跟党不一心，会不会是右派的立场。我想听到党真正的要求和心声，我会经得起党的考验。"

书记也很严肃认真地说："香玉同志，上级对陈宪章同志的严格要求是必要的，但他还是我们的同志，不需划清界限，再说，即使划清界限也不意味着非要离婚。陈宪章同志是有才华的，编的戏都是爱国主义的戏，你要积极地帮助他，让他放下思想包袱，要他多为党工作，多为人民做好事。你也不要背思想包袱，豫剧院是咱河南豫剧的桥头堡，你这个旗杆可不敢泄劲。"

回到家中，常香玉把书记的话告诉了陈宪章，两人抱头痛哭了一场。从此陈宪章再也不提"离婚"二字了。他一头扎进图书馆的古书中，大量地阅读古典戏曲剧本。心中琢磨着再写几个好戏，以回报党组织的信任和常香玉对他的感情。

一个人做了对人民有益、对国家有益的事，是不会被人民、被领导忘记的。

1959年，河南省委在郑州向邓小平、彭真、胡乔木、刘澜涛等中央领导同志汇报工作时，中央领导关切地过问常香玉的近况，彭真同志问道："常香玉现在哪里？是不是党员？"

省委书记吴芝圃说："我不是太清楚，我马上问清楚，向领导汇报。"

吴书记当即询问省文化局，省文化局又向豫剧院一团党支部打听，问清情况后，吴书记汇报说："常香玉早在西安就写过入党申请书，回到河南后，又递交了入党申请书，但现在还没有批复下来。"

彭真眉头皱起来："常香玉这样的同志该入党了！她从西安回河南已三年了，这样的同志为什么三年不批呢？"

邓小平也说："你们河南要不发展她，我们中央就发展了。"

吴芝圃连忙说："我们一定发展,请领导放心。"

随后，省委开会专门讨论了常香玉的入党问题，1959年5月4日，常香玉终于加入了中国共产党。

常香玉入党，在文艺界影响很大，报纸也给予了报道。郭沫若从报上获知常香玉入党的消息后，十分高兴，于5月底给常香玉写了一封很长的贺信，期望常香玉要"又红又专，百尺竿头更进一步"。

➡ 献礼演出

★★★★★

那场声势浩大的"反右"斗争，常香玉有惊

无险，她暗暗庆幸。她对陈宪章说："光有一部《花木兰》还不行，你还得给我改编两部爱国主义剧目，来一个爱国主义三部曲吧！"

陈宪章决定改编一出戏——《破洪州》。该戏是写女元帅穆桂英严整军纪，齐心合力粉碎外敌侵略的故事。陈宪章按照党的推陈出新的文艺方针，保留了戏的大致结构，去掉戏中的不合理部分，在穆桂英

△ 常香玉饰演的穆桂英

打杨宗保这个戏筋上下大功夫，写出了理，也写出了情。

1958年1月18日至2月16日，河南省豫剧院一团排演了《破洪州》，常香玉饰演穆桂英，赵义庭饰演杨宗保，赵锡铭饰演寇准，郭兰生饰演八贤王，阎玉蓓饰演佘太君。这些名演员都非常有艺术修养，他们珠联璧合，齐力打造，仅仅一个月时间，就排练成功。该戏在郑州工人文化宫进行公演，得到了群众的认可。

接着，陈宪章又为常香玉改编了传统戏《十二寡妇征西》。他将故事框架重新搭建，将原先那种悲怆的剧情改为了前赴后继、不怕牺牲、气壮山河、豪情满怀的《五世请缨》。

进入夏初，豫剧院一团到外地演出。上半年在安徽、江苏两省演出，其间回到郑州，公演了常香玉主演的大型豫剧现代戏《母亲》；下半年按照中央文化部的规划，常香玉又率豫剧院一团赴西北演出。从9月到10月下旬，常香玉又率团赴福建慰问前线陆海空三军。先后在厦门、漳州、莆田、大陈岛、五屿岛为战士们演出《拷红》、《白蛇传》、《花木兰》、《游龟山》等剧。常香玉像一只辛勤的蜜蜂在戏曲的百花园中不停地授粉、酿蜜。

1959年春天，党中央第二次郑州会议在郑举行，中共河南省委组织了招待晚会。河南省豫剧院一团在演出当天下午才接到通知，说是有重要演出任务，晚上准备演《破洪洲》，演出地点在省军区礼堂。

到达礼堂后，常香玉和其他演员立即化好妆，有的闭目养神，有的默默温习戏词，忽然，礼堂里欢声雷动，演员们从幕布一侧看到毛主席到礼堂前排就座了，大家也在幕后自觉鼓起掌来，并且小声地互相传递着一个兴奋的声音："毛主席来了！"

常香玉出场以后，唱、念、做、打一丝不苟，格外卖力，当她饰演穆桂英唱到"咱营中可不分姐和妹，军规也不论弟和兄，谁要是犯法抗军令，我定斩人头不容情"时，那豪迈刚健的唱腔回旋在礼堂上空，引来了阵阵掌声，就连坐在前排的毛主席也鼓起掌来。剧情在继续展开，演到"责夫"一场，舞台上杖打杨宗保时，毛主席又鼓了掌。得到了毛主席的鼓掌，常香玉心中像喝了蜜似的，她知道，陈宪章改动最大的这一场戏成功了。毛主席是真正身经百战的统帅，又那么懂戏，如果戏不好，他能鼓掌吗？戏演完了，演员们站在台上谢幕，毛主席满面笑容地在台下站起来鼓掌。常香玉与一团演员鼓掌回应，向主席鞠躬，欢送毛主席离场。

毛主席这一次看完豫剧《破洪州》后，印象相当深刻，很兴奋，也很赞赏常香玉的演出。所以，当1959年召开人代会前，毛主席亲自写信给周恩来总理推荐了这出戏。

不巧的是，常香玉身体上的旧病复发了，未能参加上半年的人代会。但那年在北京为庆祝建国十周年献礼演出上，常香玉激情满怀地演出了《破洪州》，同时受邀又到中南海怀仁堂，为毛主席、周总理和许多中央领导演出了《破洪州》。

→ 排演现代戏

★★★★★

　　1960 年，中央文化部在中国戏曲学院举办戏曲表演艺术研究班，梅兰芳任班主任。京剧和各地方剧种的知名表演艺术家都参加了研究班学习，参加人员有常香玉、俞振飞、徐凌云、袁雪芬、陈伯华、红线女、马师曾、关肃霜等人，常香玉很珍惜这种与全国戏剧大家交流的机会。

　　其实，常香玉那时非常苦恼。当时，全国提倡大演现代戏，常香玉却屡受挫折。建国后，常香玉排了一出现代戏《擦亮眼睛》，但一个长年演古装戏的剧团排现代戏，从形式到内容，大家都找不到感觉，只得泄气地停下了。接着，又排第二出现代戏《漳河湾》。这出戏，从常香玉到剧团演员都感觉很顺，于是很快排成上演了。但群众还是说："看常香玉的《漳河湾》不如看她的《拷红》过瘾。"于是，常香玉又让陈宪章为她改编了一个反映地下共产党员的剧目《母亲》，常香玉演出后观众的反应仍然平平。从那以后，常香玉暂停排现代戏了。

但从北京研究班学习归来，常香玉觉得作为党员艺术工作者，不能怕砸牌子，应该甘当现代戏的马前卒，要找出失败的原因。比如，传统戏多用程式表演，现代戏从内容到形式都需要深入生活，必须上好这门新功课。

这时候，豫剧院一团和三团同时开始排练著名剧作家杨兰春创作的现代戏《朝阳沟》。《朝阳沟》是中国戏曲现代戏探索道路上出现的经典作品，当时还刚刚问世，常香玉在戏中挑选了一个角色——拴保娘。为了演好这个农村老大娘，常香玉采取了三种方法深入生活：一是争取更多的机会上山下乡演出；二是经常到近郊参加劳动；三是定点下乡，进行一定时间的劳动锻炼。果然，常香玉觉得受益不小，就把这种体验用在表现人物上，果然成功地塑造了拴保娘这个形象。

同时，豫剧院三团是个专演现代戏的剧团，从 1958 年起，该团就排演了《朝阳沟》，其中年轻的女演员高洁饰演的拴保娘特别成功，她把拴保娘演得那样的慈祥可亲，那笑时眯成一条线的眼睛，那弯成月牙形的嘴唇，给人的形象是那样的甜和善。因此，长春电影制片厂把高洁饰演拴保娘的《朝阳沟》搬上了银幕。

1964 年元旦前几天，豫剧院三团要进京为毛主席和中央领导演出。经院党委研究，决定让常香玉参加三团的剧组，饰演拴保娘。常香玉想着高洁在银幕上饰演的拴保娘已经非常成功，便推辞着不愿接受，而党委书记说："我们三团这是第一次进京，要用两个拳头打仗，一个拳头是现代戏，一个拳头是你常香玉的艺术声望。"党组织的决定常香玉向来是服从的，而高洁为了大局也表现了个人服从组织的高风亮节。

于是，常香玉就与三团的同志在一起重新排练《朝阳沟》。在三团，常香玉一点儿也没有领导的架子，没有摆名演员的谱儿。常香玉虽然在一团饰演过了拴保娘，但是她说在三团就要服从三团的风格，她不但向饰演拴保娘的高洁学习，还向魏云、王善朴等同志学习，甚至还向饰演巧真的小演员高颂喜请教。常香玉这样的名演员如此谦虚、礼贤下士，感动了三团的同志，仅仅一个星期，常香玉就和三团的《朝阳沟》剧组磨合得天衣无缝。

1964年在怀仁堂举办的元旦晚会上，毛主席和中央领导同志观看了三团演出的《朝阳沟》。演出结束后，毛主席走上台来，接见全体演职员，到了常香玉面前时，毛主席亲切地握住常香玉的手说："祝贺你们演出成功。"演员们都很激动，有些人还

△ 演出后毛主席接见了常香玉

△ 常香玉演《李双双》

流出了热泪。

　　次日,《人民日报》在头版显著位置刊登了毛主席接见《朝阳沟》剧组演员的照片和报道。从此,《朝阳沟》成为了现代戏的经典剧目,至今魅力不衰。但常香玉从来没把《朝阳沟》看成是自己的代表剧目,总是谦虚地说:"演现代戏,三团同志是老师。"

　　1964 年,常香玉带领豫剧院一团在大庆油田演出时,又精心排练了豫剧《李双双》。如果说"拴保娘"是个配角的话，"李双双"则不折不扣地是个主角，常香玉从生活中吸取营养，从人物形象的需要设计了唱腔和动作，将这个人物塑造得格外成功，受到油田工人的喜爱和追捧。

不久，省里举行现代戏观摩演出大会，大会决定让一团在第一天晚上演出《李双双》，领导和戏剧界对这出戏是这样的重视，使常香玉心里非常激动。在现代戏会演中，《李双双》得到了文艺界和广大观众的好评，常香玉在现代戏中的演出终于跨上了一个新的台阶，但她还渴望着自己再首演一个现代戏。

磨难篇

→ 文革劫难

★★★★★

不料，1966 年的"文革"风暴，打破了常香玉演好现代戏的梦想。

河南省亦无例外地卷入了这场风暴，河南文艺界首当其冲被打倒的有五人：一是时任河南省文化局党组书记、副局长的杜希唐，其罪名是"周扬在河南的信徒"；二是省文化局副局长冯纪汉，其罪名是"河南戏剧界地头蛇"；三是谢瑞阶，罪名是"资产阶级黑画家"；四是李准，罪名是"黑作家"和"周扬的掌上明珠"。而五人之中唯一的女子——常香玉的罪名，则是"河南反革命大戏霸"。常香玉不仅在河南受到批判，而且在全国报纸上受到批判，当时被点名批判冠以大戏霸罪名的全国只有两人：人称南周（信芳）北常（香玉）。

一夜之间，荣誉、信任离常香玉而去，大字报贴满了豫剧院，贴满了一团，贴满了家属院，"爱国艺人"成了"反党分子"；"戏剧名家"成了"大戏霸"；"艺术家"成了"反动权威"，常香玉三个

△ 文革中关押过常香玉的剧院

字在大字报上横写倒写，还打上粗粗的"×"号，剧院里的戏剧服装是才子佳人、帝王将相的封建主义坏东西，一律焚烧；常香玉家中的艺术照片、报刊杂志是资产阶级铁的证据，也被抄走付之一炬。省报在造反派主持下连篇累牍地刊登了批判常香玉的文章，有"常香玉反动透顶，必须坚决打倒"、有"抢

起铁拳头，砸烂花皮蛇常香玉"、有"批倒批臭反革
命大戏霸常香玉"、有"撕开常香玉'捐献飞机'的内
幕"、有"工农兵不要常香玉这种反动艺人"等大篇幅
文章。过去宣传她为家乡人修堤、筑坝变成了"沽名
钓誉"；她在西安等地举办赈济义演，救助灾民难民
是"收买人心"；她在抗美援朝时捐献飞机是"搞政治

△ 常香玉剧照

投机,带领反革命丈夫逃避'三反五反'";她演出的《拷红》《花木兰》《白蛇传》等是封建主义黑货,为帝王将相、才子佳人歌功颂德,树碑立传;她演唱《大祭桩》是陈宪章通过此戏号召"劫法场、搞政变";她演《五世请缨》,佘老太君唱词中"重整甲,备战鞍……去到阵前,杀他个片甲不存"是为彭德怀翻案;她演《卧薪尝胆》是陈宪章配合"蒋介石反攻大陆";因为戏文有"大王回来了,……我们苦受够了";更加上纲上线的是,陈宪章随香玉剧社到朝鲜慰问志愿军,是"在常香玉包庇下,在朝鲜阵地与台湾通电话,回来后又"指挥台湾飞机,抛撒反攻大陆的传单与标语"。

面对这突如其来的风暴,铺天盖地的污水,常香玉感到委屈和不解:我还是我,我仍然是一个热爱党、热爱毛主席、热爱戏剧、热爱工农兵的演员,解放前被人看不起称为"臭戏子",解放后翻身成了艺术工作者,成了共产党员,我没有理由与人民为敌,我没有理由去当反革命,我怎么能成了大戏霸? 成了反革命? 我没有变,为什么同样的事情,舆论都变了? 为什么过去的朋友甚至学生都视我为路人,甚至也上台揭发批判我? 常香玉想不通,她也想革命,她也想当红卫兵,但是没有她的份儿,运动一开始,她就是靶子,她就是众矢之的,不容她有任何辩解的机会。运动逐渐升级,贴大字报、抄家不过瘾,"战斗队"开始组织大大小小的批斗会。这时没有人要求常香玉与陈宪章划清界限了,因为原来常香玉是"爱国艺人",陈宪章是"有污点之人",应该冰炭不同炉,如今他俩拉平了。她是"牛鬼蛇神",还升级为主角,而他是"死老虎",只是配角,所有的批斗会都让他陪斗。

运动在升级,有人从外地串联取来了经验——挂牌子,他们为常香玉挂上了"反革命大戏霸常香玉"的牌子。他们往陈宪章身上挂的牌子是"中统特务、反革命陈宪章"。有一个形象猥琐的胖子拿来了一双破鞋,

要往常香玉脖子上挂，常香玉怒目相对："你要挂
破鞋，我现在就死！"他们都知道常香玉的刚烈
性格，急忙制止住了胖子。出了人命，他们也害怕
担待不起。

➡ 大难不死

★★★★★

现在常香玉每天一醒来接受的任务就是批斗
会。开始每天一场、两场，后来一天八场、十场，
有一天一场连一场，竟批了二十七场。每天的一场、
两场，常香玉还能坚持，过去她演戏也常演两场，
但那天二十多场的车轮战使她几乎要晕死过去了，
更让常香玉接受不了的是，过去的同事、学生也
都来批判她，常香玉不知这是为什么。常香玉身
心疲惫，她觉得她肯定会在某天死在批斗会上。

运动还在升级，有人搜查到常香玉的日记，
因为日记上的一句话，她由戏霸又上升到"现行
反革命分子"。那是1964年，她在北京参加人代会，
会议安排有芭蕾舞《红色娘子军》的演出，她碰
巧跟江青坐在一起，当江青征求她的意见时，她

认为穿个裤头，一扭一扭地难以表现解放军威武雄壮的英雄形象。江青笑笑说："那也不一定，艺术嘛！"是呀，每个人的欣赏情趣与欣赏水平不同，她讲的是自己的看法，说的是心里的老实话，她在日记里记下了这件事，只因里面有一句"芭蕾舞难以表现解放军威武雄壮的英雄形象"，结果她就成了恶毒攻击无产阶级司令部、攻击伟大旗手的现行反革命。

因此，常香玉与陈宪章都被开除公职，全家老少被扫地出门，她还被隔离审查，关了禁闭。常香玉被带走时，仍然坚强地对家人说："我没有办过坏事，没有诬陷过好人，我没有罪，你们不用惦记，我大不了一个死。"

1967年9月的一个深夜，常香玉被造反派带到河南人民剧院的舞台上，进行"五堂会审"。造反派们挥舞着钢鞭逼她承认参加过国民党。可是，常香玉宁死不认，这伙人就掏出手枪威胁她："不交代就拉出去枪毙！"常香玉被押出剧场，推倒在地，打得遍体鳞伤，枪声始终没有响。但常香玉真的不想活了，因为她受不了这非人的折磨和凌辱。她躺在地上望着茫茫夜空，真想一死了之。

后来，他们把常香玉带到河南人民剧院的三楼，把窗户钉上木条，让人把住房门，给她关了禁闭。常香玉真不想活了，她不在乎金钱，她已由300元的工资降为只发生活费35元了。她在乎名誉，她不知道自己犯了什么罪，要受到如此的折磨和侮辱，就连她亲爱的老父亲去世，也不准她去现场奔丧，这样的日子何时是尽头？她抓住窗棂，想拽开窗户跳下去，一了百了。

突然，她看见了被罚在院子里扫地的陈宪章，陈宪章也看见了她，陈宪章看看四周没人，立即昂起头，作发音口形给她看，常香玉看懂了，那是两个字："坚强"。

常香玉的泪流下来了，她想，我没有干坏事，我一心一意跟党走，党不会抛弃我的，肯定是国家出了坏人，才这样不分是非、颠倒黑白的。我不能死，我要等，我要等党给我一个正确的评价。

　　带着这个信念，常香玉挺住了1969年"清理阶级队伍"的冲击；忍受了在西华县"五七干校"苹果园的劳动改造。经过了"批林批孔"的运动高潮，大难不死的常香玉，终于熬过了十年动乱，盼来了祖国的春天、文艺的春天。

△ 五七干校中常香玉在农村

➡ 水调歌头

★★★★★

　　1976 年 10 月 16 日，中共中央正式公开向全国人民宣布粉碎"四人帮"的消息。

　　常香玉高兴得哭了，十年了，现在终于可以扬眉吐气唱自己喜欢的戏剧，真是大快人心呀。用什么能表达她的喜悦心情呢? 她整整一天一夜，不吃不睡，把家中的资料、报纸翻了个遍，摊得满床满桌，忽然，她在《光明日报》上看到了郭沫若的新作《水调歌头·粉碎四人帮》，她读啊，读啊，读了一遍又一遍，一气读了几十遍，真得劲儿，真痛快，她的心和这首词完全共鸣了。

　　她也忆起了十年前和郭老的最后一次交往。1966 年初，常香玉和许昌市豫剧团到北京演出现代戏《人欢马叫》，虽然常香玉在戏中只演配角吴大妈，但她也是全身心地投入。到北京后，常香玉代表剧组请郭老看戏，郭老前后看了两遍。1月 26 日，常香玉又代表剧组写信向郭老表示感谢，并希望他对演出进行指教。刚隔两天，他们便收

△ 常香玉演《人欢马叫》

到郭老热情洋溢的回信，对他们的演出给予充分肯定，
并且对剧组提出殷切期望："舞台是很好的实验室，
每演一次等于检验一次，如水到口，冷暖自知。"

　　现在郭老也同全国人民一样获得了身心上的解
放，不顾高龄，豪情满怀地写下了这首词，在《光明
日报》发表后，全国不少报纸都纷纷转载。常香玉觉
得这是目前最好的戏词，她决定用豫剧来演唱。女儿
提醒她："妈，用梆子腔演唱诗词，效果会好吗？"

她坚定地说："郭老的词，内容这么好，纵然有天大的困难，我也要把它用豫剧唱出来。"常香玉带着这样的感情，这样的情绪，进入了创作过程。晚上，她躺在旧房子的硬板床上，眼闭着，哼着旋律，哼出一个腔，就一骨碌坐起来，唱一唱，让老伴陈宪章听一听。老伴说不好，她就改；老伴说好，她就留下这

△ 常香玉演唱《大快人心事》

一句。哼哼唱唱，她把自己从艺四十多年唱腔艺术的仓库都打开了，从里面挑拣最拿手的、最优美的，放在一起，熔铸于一炉，一字一字地哼，一句一句地唱，千方百计要把这段唱腔哼得细腻、优美、传情。

天亮了，常香玉对老伴和女儿说："你们听一遍吧。"她把这段唱词连贯起来，气韵饱满地唱了一遍。好久，屋内没音，老伴陈宪章和女儿都被她这段唱腔震住了，多好的词，多好的唱腔啊。那么豪迈，那么抒情，那么使人震撼，真是雄壮、奔放，简直达到炉火纯青的地步。

1977年元旦，粉碎"四人帮"后的第一个新年佳节，常香玉参加了北京"迎新年，庆胜利"和纪念周总理大型诗歌演唱会，她清唱的豫剧《水调歌头·粉碎四人帮》和《怀念周总理》，誉满首都，并通过中央人民广播电台和电视台向全国人民进行了转播，常香玉那气势磅礴、高亢激越的唱腔，唱出了人民群众的心声，也像甘露一样，甜到了全国人民的心头上。一时间，全国各地许多观众都在学唱着常香玉那句"揪出四人帮，揪出四人帮啊……啊啊"的唱腔，特别是最后的甩腔，真是把人们十年来的郁闷都甩了出去。

郭沫若老人看过电视后，立即给电视台打电话，请他们向常香玉转达他的满意之情，并祝贺她演出成功。1977年2月25日，郭老又给常香玉写了亲笔信，信中说："我在电视中看到您和听到您的《水调歌头》，演唱非常有力，誉满首都，使拙作生辉，非常感谢。"

1977年6月，常香玉到北影参加纪录片《春天》的拍摄，她演唱的《水调歌头·粉碎四人帮》，通过银幕更进一步加深了在全国人民心中留下的印象。

传承篇

→ 流派确立

★★★★★

时光荏苒，光阴似箭。十年动乱过后，常香玉已经五十多岁，虽然还能上台演戏，但她想的更多的是戏剧的传承和发展，豫剧的今后和出路，思索自己如何能化作春泥，让那戏剧之花常开常香。

1980年3月27日至4月13日，河南省豫剧流派汇报演出大会在郑州举行。在这次汇演中，河南省豫剧"五大名旦"及五大流派常香玉、陈素真、崔兰田、马金凤、阎立品基本确立，在官方和民间都约定俗成。大家普遍认为，《红娘》《白蛇传》、《花木兰》、《五世请缨》、《大祭桩》、《破洪州》是常派代表剧目；其唱腔舒展奔放、表演刚健清新是常派的艺术特点。

1982年，常香玉带着郑州市豫剧团的演员们到北京演出了现代豫剧《柳河湾》，这是建国后常香玉首演的第一出成功的现代戏，受到北京观众和专家的一致好评，中国艺术研究院和中国剧协等单位还为之召开了研讨会。在这次进京演出中，常香玉的三个学生虎美玲、王希玲、小香玉向首都人民演出了常派代表剧目《拷红》、《花木兰》，也得到了观众的好评。

1987 年 10 月 7 日，常香玉受邀参加了首届中国艺术节（中南区）的开幕式演出及老艺术家的专场演出。闭幕式上，艺术节组委会专门为她颁发了"香玉杯"荣誉奖。

她久久地凝视着"香玉杯"，觉得可以将"香玉杯"作为一个象征，设立一个"香玉杯艺术奖"，用来奖励那些从事地方戏曲的优秀人才。

△ 在1980年汇演中确立的五大名旦流派

△ 常香玉演《白蛇传》

　　想到就做到，常香玉是河南省文化厅顾问，她首先向河南省文化厅汇报了她的计划，即：自筹资金 10 万元，设立"香玉杯艺术奖"，每年评奖一次，每次评选 10 名为河南戏剧作出突出成绩的优秀戏剧人才。河南省文化厅党组认为这是件好事，应该支持。河南的戏剧事业要繁荣，就要鼓励、嘉奖优秀人才，常香玉声望高、影响大，可以用她的名义设奖。常香玉是河南省文联副主席、省剧协名誉主席，她向省文联汇报了她的想法后，省文联领导认为常香玉是河南文艺界有资格设奖的艺术家。这个奖项由她自己筹办，既是民间的，又具有群众性，是对"政府奖"的一种有益补充，可谓相得益彰。原省文联主席、著名作家何南丁还建议，中国剧协河南分会可以承担"香玉杯"艺术奖办事机构的任务。于是，陈宪章这个"常派艺术"的常任秘书又写出了正式报告，送给了中共河南省委。省委主管部门不仅给予有力支持，还审阅了各种方案，提出了不少指导性意见。

→ 筹集"香玉杯"

☆☆☆☆☆

经中共河南省委批准，1988 年 2 月 29 日，正式宣布设立"香玉杯"艺术奖。

这个奖项一设立，犹如一股春风，迅速吹遍了中国文艺界和剧坛。同时得到了国家文化部、中国文联、中国戏剧家协会、中国艺术研究院等单位的支持和肯定。国家主席杨尚昆亲自提笔题写了杯名"香玉杯"；中共中央政治局委员、国务委员李铁映题词："继承、创新、弘扬"；文化部部长王蒙题词："为发展传统戏曲艺术作出新的

△ 手捧"香玉杯"

贡献";文化部副部长高占祥写了藏头诗:"赞常香玉杯艺术奖";剧作家曹禺题词:"光荣的历程,后人的师表"。另外,全国政协副主席洪学智、中央军委副主席迟浩田及林默涵、贺敬之、张庚、郭汉城等领导、专家分别以题词、赋诗、来电等形式表示祝贺和支持。《人民日报》、《光明日报》、《中国文化报》、《戏剧电影报》、《河南日报》、《上海艺术家》、《中国戏剧》、《河南戏剧》、《地方戏艺术》等报刊杂志和河南电视台、河南人民广播电台均发了报道、专题和评论，都给予了高度评价。

"香玉杯"艺术奖设立评奖委员会。主任委员由常香玉、何南丁担任，副主任委员由王怀让、荆桦担任，荆桦兼任秘书长。委员共有 32 名。"香玉杯"艺术奖设有基金会，会长由常香玉担任。万事俱备，只欠东风，"香玉杯"需要注入资金了。

为了筹集资金，常香玉捐献了全部稿费和存款，于当年 5 月承包了河南省豫剧一团，签订了 3 年承包合同，并由常香玉的丈夫陈宪章担任剧团团长，他们的女儿、儿媳、孙女都参加了这个剧团。

5 月中旬，65 岁的常香玉披挂上阵，重返舞台，率领河南省豫剧一团几十名演员和家中三代，开始向西路进行巡回演出，他们制定的路线是在省会汇报演出，然后下巩县，向洛阳，途经三门峡，终点到达西安。

他们准备了各具风格的四台节目：一台折子戏，其中有小香玉主演的豫剧小品《狗娃与黑妞》、《花木兰》片断等，压轴戏是常家祖孙三代同台合演《拷红》，常香玉饰演崔夫人，孙女小香玉饰演红娘，女儿常小玉饰演崔莺莺，儿媳潘玉兰饰演张生；一台是清唱，其中包括常香玉的《花木兰》、《拷红》片断及《正月十五闹花灯》；另外两台是以一团中青年演员为主力阵容的传统剧目。

省豫剧一团第一站来到常香玉的故乡巩县演出。常香玉离开故乡 26 年再次回来的消息传出后，县影剧院座无虚席，连过道都站满了观众。"常香玉出来了！"在观众的欢呼声中，常香玉饰演《拷红》中的崔老夫人，步履稳健地上了场，她开腔洪亮，一曲未了，掌声四起。戏迷们都像喝了一杯醇厚的酒那样沉醉。

家乡人看着她演戏，觉得格外亲切，演戏之余还请她参观了地毯厂、竹林村、二中等 18 个单位，巩县铝厂还特地邀请她当名誉厂长，常香玉欣然接受，并把厂徽小心地戴在胸前。在家乡，他们演了整场大戏13场，还为乡亲们设地摊慰问演出6场。

第二站还没起程，西安市演出公司就派人前来邀请了，引发了常香玉几十年的绵绵"思乡"情。西安是她的第二故乡，当年，她在开封唱红以后，来到西安落脚，一唱就是15年，她在那里奠定了自己在戏剧界的地位。可以说，西安是她艺术生命的摇篮，西安有她众多的亲朋挚友和观众，常香玉要在她的晚年，把她名扬四海的常派艺术再一次亲自奉献给西安。

第二故乡的娘家人果然热情，西安东城仿佛刮起了常香玉旋风，在居民院落、工地工棚、铁路局机关和工厂车间、俱乐部门前……"常香玉回来了"成了最热门的话题。提前6天，戏票就销售一空，托人情、走门子，买几张常香玉的戏票成了最紧俏的喜事。好多大姑娘、小伙子好不容易买到票，自己舍不得看，拿回家孝敬父母。多少年轻人推着自行车把老人送进剧场，自己站在门外，等散了戏再把老人接走。有的老人身体不好，又买不到票，干脆让家人用轮椅把他们推到剧场门前，哪怕看看剧照，听听热闹也算见着常香玉了。

见此场景，西铁局宣传部的同志忙把老人们请进了剧场。常香玉也深受感动，为了答谢观众的热情，他们原计划在铁路文化宫演出一周，后又决定延续一周。在"五四"剧场，又是出现了人头攒动、观众围观的盛况，票价本来4元，竟有人把它炒到12元，还是不易买到。

"正月十五闹花灯，老婆我心里喜盈盈……"台上的常香玉，身穿一件鲜红便装，演唱字正腔圆、韵味十足，巧妙地糅合了浓郁的豫剧纯腔原调和现代特点，时而醇绵悠长，时而激情横溢，赢得满场观众潮水般的掌声、喝彩声。紧接着她与孙女小香玉的对唱，掀起观众热潮，一浪高过一浪。随后几天的《拷红》《大祭桩》《香囊记》《抬花轿》

剧目，更是让西安的观众如饮甘泉。

有天晚上，离开演只有 10 分钟了，舞台监督小王跑到后台惊呼道："坏了，坏了，抬花轿的两个轿夫跑了！"

"为啥跑？"陈宪章眉头皱了起来。在一旁默戏的常香玉和其他演员也关心地围了上来。

"说是老家有戏曲茶座请他们，那儿小费高。"

"劝劝他们嘛！"有人说。

"已经走了，追不回来了。"

常香玉急得手心出汗，她问陈宪章："宪章，还能调配其他人吗？"

"不能，我们这次出来，人员都是一个萝卜一个坑儿。"陈宪章说。

大伙都急得不得了，眼瞅着观众席里人声鼎沸，热情高涨，这《抬花轿》的剧目却无法上演了，怎么办？

演戏是个综合性的工作，不管是灯光、舞美、音响、乐队、主角、配角、龙套，缺一不可。而且抬花轿、抬花轿，四个轿夫只有两个怎么抬呀？顿时，后台乱成了一锅粥。

丁零零，开演的铃声响了，下面的观众顿时安静了下来，都等着看大幕拉开，看那久已盼望的豫剧名剧。

大幕却迟迟没拉开，观众急得鼓掌催促。

这次演出比不得一般的商业演出，它既是为了筹集"香玉杯"资金的一次大的巡回演出，又是常派艺术回到她的成长地进行汇报展览，若失信于观众，造成的影响，无论是政治上还是经济上都非同小可。

看着大家的忙乱，团长陈宪章一时也拿不出好的主意，常香玉这时却出奇的冷静，她说："只有我向观众解释了，相信西安的观众会给予理解和支持的。"

她撩开幕布，走到了前台，台下的观众都安静下来，他们不知这位他们尊敬的豫剧大师要说什么。

"乡亲们，同志们，朋友们，非常抱歉地告诉大家，今晚《抬花轿》剧目中的四个轿夫中有两位因故不能演出，我们只好更换剧目，这样时间要拖延一个小时，行不行？"

"不用更换，只要是你们剧团演出就行。"

"别说还有两个轿夫，就一个轿夫也行。"

"那怎么行，质量达不到怎么对得起观众？"常香玉抱歉地说。

"没关系，我们听唱就行。"观众齐声道。下面的观众都强烈地表示不换剧目，也不计较轿夫的多少，舞台上的演职员们却都捏着一把汗。

"演出一个残缺的剧目，我们是对不起观众的，那这样吧，我在戏后，为大家增加一个小时的清唱。"常香玉果断地说道。

"好！欢迎、欢迎。"观众以暴风雨般的掌声回应了这个提议，他们都是冲着常香玉的名气来的，能多听常香玉唱戏，他们感到像是捡了一个金元宝，拾了大便宜。

大幕拉开了，只有两个轿夫的《抬花轿》剧目正常演出了，随后，66岁的常香玉银发红衣，粉墨登场，《抬花轿》、《大祭桩》、《拷红》、《正月十五闹花灯》一曲曲地唱下去，观众一次次报以热烈的掌声。

演员们在后台急得向陈宪章建议道："团长，换人唱吧。"陈宪章又心疼又无奈地说："不行，她允诺过给观众唱一小时，不到时间，她不

△ 陈宪章与常香玉

会让换人的。"

大家从侧幕看到强烈的灯光照得她脸上头上都是汗珠，大家在乐队旁听到，她的嗓子已疲劳了，有些嘶哑了，大家都捏着一把汗，用敬佩的目光看着她，看着这为了捍卫名誉讲诚信的老师。

演出结束了，一次次的掌声，一次次的谢幕。

大幕终于合上了。常香玉却伫立不动，陈宪章颤巍巍地迎上去，常小玉喊着"妈妈"跑上去，小香玉喊着"奶奶"哽咽着扑上去，大伙喊着"常院长"、"常老师"围了上去。

常香玉顺着声音伸出手来，她用手在空中抓了抓："我看不见了！我看不见了！"大家忙扶住了她。

经医院诊断，她这是急火攻心造成的青光眼，不易除根。后来，常香玉的这只眼睛就近乎失明，直至终生。

1988年6月28日，是河南省豫剧一团在西安演出最有意义的一天。拥有77年历史的西安易俗社，决定和常香玉合演一场，为"香玉杯"艺术奖集资。此次义演，可谓"艺坛盛事，豫秦同台；名家荟萃，新秀云集"。易俗社领衔主演的是著名秦腔表演艺术家宋上华，时年，他已70岁，阔别舞台多年，此次特意重新登台演出《杀狗》剧选段，饰演花旦焦氏。还有秦腔名家杨令俗、萧若兰、宁秀云、张咏华等人联合秦腔新秀演出的折子戏《逼宫》《火烧裴元庆》等剧目；河南方面除了常香玉领衔之外，还有一团的演员小香玉、汪荃珍、王惠、孙玉菊、常小玉、张桂梅、王玉华、杨国民、孟祥礼等众多实力派演员，也拿出了《拷红》《抬花轿》等片断。这样一场两省两剧种强大的演出阵容，把二十天来的"香玉杯"艺术奖集资演出活动推到了最高潮。

演出结束后，西安易俗社把当晚的义演收入当场捐赠给"香玉杯"艺术奖基金会。双方艺术家畅叙情谊，直至子夜才依依惜别。

常香玉一行将到宝鸡演出前，宝鸡市派出了常香玉当年的大徒弟陈玉鼎专程到西安去迎接常香玉一行。中共宝鸡市委副书记紧紧握着常香玉的手说："宝鸡人民欢迎您！希望您多住几天。"书法家李子青当场为常香玉书写了一幅诗书俱佳的条幅："艺声震寰宇，侠名灼古今。爱国平生愿，德艺育来人。"在大家的掌声中，他把条幅交到常香玉夫妇之手。

常香玉含着泪花说："我的艺术是在宝鸡成熟的，我的家庭是在宝鸡组建的，宝鸡人厚道、热情，我一定要尽力满足宝鸡人民的要求。"

6月30日上午9时许，常香玉特意让司机围着宝鸡市绕了一圈，她去看了看老火车站，那里曾经载着一个梳着辫子的俊俏少女来往于西安、宝鸡之间；她当年早起练功的河滩，现在已是大厦林立的金陵住宅小区了。她来到渭河堤岸，啊，老桥头还在，就在这背靠巍巍秦岭，脚下滚滚渭河的老桥头，她朝朝放声吊嗓子，最后吊出来个英俊小伙陈宪章，双双在桥头订下了百年之好。她募捐修建的河声剧院（现宝鸡剧院）还在，她曾居住三年的两间小土屋还在，看到这些，常香玉和陈宪章的眼泪一下子涌了出来。常香玉抚摸着斑斑驳驳、布满青苔的墙壁，对孩子们说："来，咱祖孙三代在这儿合个影。"

当晚，常香玉、常小玉、小香玉祖孙三代在宝鸡卷烟厂俱乐部的舞台上刚一亮相，台下观众当即报以长时间的热烈掌声。

常香玉的学生们登台了，演出悲情起伏的《大祭桩》；常香玉的孙女小香玉登台了，演出脍炙人口的《拷红》，那身着红裙的"小红娘"轻移莲步，似娇似嗔地飞上舞台，好一个活脱脱的当年常香玉的形象，令观众获得极大的艺术享受。

常香玉满头银发，身着红装，又登台唱戏了，"刘大哥讲话理太偏"，常香玉刚一开口，那响遏行云的唱腔立刻深深征服了宝鸡观众的心，在几千名观众雷鸣般的掌声中，常香玉又一口气演唱了《正月十五闹花灯》、《拷红》、《花木兰》等大段精彩唱段，其风采

△ 香玉剧社号

丝毫不减当年。那些"老宝鸡"们一个个听得屏气息声、如痴如醉，泪水悄悄流在脸颊上。

舞台上，常香玉笑意盈盈地恨不得把心全掏给宝鸡的亲人；舞台下，听到群众反映票不好买时，她立即决定加演几场；在街头，她亲切地与喜爱她的观众拉家常，无论谁提出合影，她都欣然应允。

想当年，常香玉28岁，风华正茂，为了捐献飞机，她带领着"香玉剧社"，从西安出发，一路上向东向南，辗转大半个中国，圆满地完成了任务。而今日，常香玉65岁，花甲老人，为了"香玉杯"筹资，又带领着豫剧一团（原香玉剧社），一路上向西向北，又回到了西安，37 年的岁月弹指一挥间，青丝变成了白发，而一颗热爱豫剧、热爱祖国的红心依然没变。

冬去春来，时光流逝了九个多月，到了 1989 年春季，经过常香玉、陈宪章和全团演职员的共同努力，共筹集"香玉杯"艺术奖基金 22 万元，数额超过了当初预订 10 万元的一倍多，且时间提前了一年零三个月。后来常香玉又加上其他的捐款和稿费，使数额达到 29 万元，儿子陈嘉康又捐上 1 万元，最后筹集整整 30 万元作为"香玉杯"艺术奖基金会的基金。这个奖项终于有了它坚实的物资基础，可以正常运转了。

从 1988 年到 2005 年，"香玉杯"设立 17 年来，历经 9 届评选（常香玉生前举办八届，去世后举办一届），先后有来自全国各地的 130 多位青年演员获此

△ 为筹集"香玉杯"资金，65 岁踏上义演征程

殊荣。"香玉杯"艺术奖为推动戏剧繁荣、奖掖艺术新秀作出了极大的贡献。

→ 大师风范

★★★★★

老年的常香玉一直在与衰老竞赛，只要不病倒在床上，她仍然坚持练功、练嗓，随时准备为国家的需要、人民的需要亮开歌喉。

1996年8月，为了迎接香港回归，应新华社香港分社和香港中华交流协会的邀请，河南省豫剧艺术团赴香港演出。常香玉随团出发，在香港一周时间内，演唱了《花木兰》、《断桥》、《拷红》唱段，受到香港观众的热烈欢迎。

1997年6月，在河南电视台举办的"迎接香港回归"电视文艺晚会上，常香玉演唱了豫剧《水调歌头·百年梦圆》，这是由王怀让作词，常香玉、刘耕晨、朱超伦共同作曲，专门为常香玉演唱而创作的。因为适合常香玉的爱国情怀，其演出效果比起当年的《花木兰》和《水调歌头·粉碎四人帮》有过之而无不及。

1999 年，河南省举办建国 50 周年演唱会邀请她参加。她多么想答应，然而，她的老伴陈宪章的身体一天天衰弱，基本上是在靠药物支撑着生命。病危通知也已下达了四次，现在他随时都有离开的可能，自己能去安心排戏、参加演唱吗？她犹豫了，没有立即答应。这件事陈宪章在清醒的时候知道了，他用那衰弱却也是坚定的声音跟她说："香玉，大事咱可不能糊涂呀，你去是对我最好的看护。"多明事理的夫君，就在对陈宪章的百般牵挂中，她又登上舞台演唱，履行着她一生的座右铭——戏比天大。

不久，陈宪章还是走了。常香玉环顾着家中简朴的小院，环顾着简陋的书房，物是人非，这屋子是这样的空旷，这院子是这样的寂寞，今后的岁月怎么过？常香玉触景生情，心想："我不能让他失望，要把他希望自己干的豫剧事业继续干下去。"

2003 年春季，在那场全国人民抗击"非典"的斗争中，常香玉高度关注疫情，十分操心疫情控制情况，思索着为战胜这场斗争，自己应当做点什么。

5 月 28 日清晨，河南日报报业大厦前挂出了一条"河南人民感谢您——热烈欢迎豫剧大师常香玉来《大河报》为我省抗击非典捐款"的大红横幅。

9 时 25 分，白发如雪、红衣蓝裤、戴着眼镜、精神矍铄的常香玉在三个女儿的搀扶下，缓缓地走下了汽车。她在捐款现场说："非典流行以来，我从电视上看到白衣战士日夜劳累，舍生忘死战斗在第一线，我很感动，他们的精神很伟大，我一定要向他们好好学习。我自己本身会点技术，不能亲自用自己的演唱艺术慰问他们，心里感到很不安。我喜爱和信任《大河报》，今天，我这里捐献一万元，请《大河报》转达我对抗非典一线战士的问候和尊敬。我常说，国家的难就是自己的难。

我希望我的学生们，我的儿女们都为抗击非典、消灭非典做点事儿做点贡献。人们互相团结、科学防护，就能消灭掉非典这个传染病。"

总编辑马国强双手捧着信封激动地说："谢谢！谢谢！这不是一万元钱，这是常老师滚烫滚烫的一颗心呀！"

常香玉还拉着她的大女儿常小玉、二女儿陈小香、小女儿常如玉，说："今天我带着她们来捐款，是为了让她们知道做人的道理，知道什么是国家，什么是社会责任。"她的女儿依次也递上了自己的一份捐款。

△ 非典时期捐款

常香玉还遗憾地说："我的儿子不在家，如果在家，我也要带他来捐款。"

在场的人都深深被感动了，很多人都流下了眼泪。一位 80 岁的老人，德高望重，还身患癌症，本应在家休养，但看到国家有了灾难，就毅然率领着孩子们捐款相助。如果说舞台上她唱的是戏，在生活中她却具有像她戏中饰演的佘老太君、穆桂英一样充满着国家有难、匹夫有责的人格力量。

其实，她一生捐款无数：

1976 年，常香玉为唐山抗震义演捐款；

1987 年，常香玉为大兴安岭火灾救灾义演捐款；

1990 年，常香玉为北京亚运会义演捐款；

1991 年，常香玉参加"风雨同舟"义演晚会，为水灾地区群众募捐；

1997 年，常香玉为香港回归义演捐款；

1998 年，为唤起社会各界对下岗职工的关怀，75 岁高龄的常香玉携弟子在河南义演，所得 6 万多元票房收入全部捐给"河南省送温暖工程基金"；

1998 年，常香玉为长江抗洪义演捐款；

1999 年，常香玉为西部母亲慷慨解囊；

2001 年，常香玉为残疾儿童慷慨解囊。

这一次，常香玉又拖着病体为阻击"非典"慷慨解囊，这就是共产党员常香玉一贯的举动。

实际上，2002 年下半年，常香玉就感到身体不适，到医院检查，原来是几十年前的癌症复发了，已是癌症晚期。虽然有关领导托付医院："用最好的药，请最好的医生。"给她动了手术，进行了化疗，但是到了 2003 年 12 月，癌细胞还是扩散到全身，整个腹腔差不多糜烂掉了，每天便血十多次，而且每时每刻都很疼痛，有时不得不用杜冷丁止疼。

就在2003年冬至的头天晚上，正在北京治病的常香玉听见女儿常如玉在打电话，说给民工演出的事儿，她立即问女儿是怎么回事。

女儿告诉她："大河报社、英协（河南）房地产有限公司、河南省豫剧二团联合主办了'你在首都作贡献，我送家乡一片情——慰问在京河南人'的大型公益演出活动。准备在北京奥林匹克中心工地上，为在工地上的河南老乡、建筑工人慰问演出。我打算报名参加去演出。"

常香玉艰难地支撑起病体说："五毛，你向组委会也给我报个名。"

"妈，您的身体……"

"没事，唱不了戏，说几句话，和河南老乡见个面也行。"常如玉含着泪把母亲的意思转达给了活动组委会，组委会的领导深受感动，常老师能够为活动助兴，这是多大的支持呀，虽然心疼她的身体，但恭敬不如从命呀。

次日上午，阳光明媚，北京奥林匹克中心工地上高大的脚手架林立，"送来梨园艺，乡亲格外亲"等大红条幅在冬阳下微微飘动。河南林州三建在工地搭建了简易的舞台，上千名林州建筑工人早早来到了工地上。慰问团准备了将近20个节目，有豫剧、曲剧、越调、武术、小品、清唱、表演唱、折子戏。艺术家们早早来到工地在空旷的舞台后面的道具箱上放了一面小镜子、化妆盒，就开始化起妆来，他们中有著名的曲剧表演艺术家海连池、张新芳；有著名豫剧表演艺术家李树建、兰力；有中青年豫剧演员樊萍、柏青、田敏，更有大家喜爱的小演员秦梦瑶、刘道阳。年轻的建筑工人焦中华高兴地说："我很喜欢听戏，一盘戏曲带子听了10年，仍不舍得扔。今天是冬至，应该吃饺子，这场演出就是我们的冬至饺子。"

常香玉高挽着银白色的发髻，戴着眼镜，穿着碎花棉袄，搭着大红的围巾，在女儿的搀扶下来到了舞台上，台下响起了长达一分钟的掌声，掌声中还夹杂着戏迷激动的喊叫声。

常香玉用她那锤炼了几十年的道白功夫对台下的建筑工人说："亲爱的老乡们，亲爱的建筑工人们，你们为了首都的建设，出大力了，流大汗了，你们太辛苦了，我在这儿向你们鞠躬表示感谢了。元旦、春节快到了，我给大家拜个早年，祝你们工作顺利、家庭幸福、心情愉快！"回应常香玉讲话的是台下雷鸣般的掌声。

常香玉对工人们说："我是个演员，大家都知道，我也想为大家演唱《花木兰》，但我身体不太好，唱不动了。主办单位知道我身体不好，本来没有打我的

△ 常香玉为民工演出

盘儿，我知道后对他们说：只要我能坐起来，能说话，我一定要来，不来我觉得心里不得劲儿。这次慰问演出满台都是好演员，我这个老婆子唱得不好听了，你们也得忍着点儿。"常香玉老人风趣幽默的话引起了工人们善意而理解的笑声。

常香玉没有演唱大家常听的《花木兰》、《拷红》，而是演唱了现代戏《柳河湾》中的一段唱"秋风送爽丰收忙，俺队里办了个小食堂"。一段听罢，工人们还觉得不过瘾，都强烈地要求她再来一段。

常香玉拉过身边的五毛说："这是我的小女儿常如玉，我现在唱不动了，就让她唱几段，大家评评，看她唱得怎么样，像不像我，谢谢大家啦！"

在后台，慰问团的演员们围拢常香玉合影，常香玉坐在中间，面带笑容，和一个又一个演员合影留念。建筑工地上的老乡有的也找到后台，要求与常香玉合影，常香玉说："好、好，工人师傅优先。"人越围越多，常香玉的女儿和弟子们都担心地在一旁干着急，想制止又怕常香玉不同意，没完没了啥时是头儿。

只见常香玉这时脸色苍白，她碰了碰女儿，小声说："我顶不住了，裤子湿了。"这时，女儿、弟子、主办方负责人急忙把大家引开，然后搀扶着常香玉离开了工地。

回到医院，大家连忙为常香玉换了内裤，这时才发现裤子上都是鲜血，湿透了毛裤，孩子、医生和护士都唏嘘不已，心疼得流下了眼泪。常香玉却微笑着说："没事，我心里干净、舒服。"

第二天，慰问团转移到全国政协礼堂演出，在戏迷们的盛情邀请下，常香玉又一次抱病出席。大家感叹不已，这真是大师风范、共产党员的品德。

→完美谢幕

☆☆☆☆☆

2004 年 4 月 12 日，河南省即将举办第三届中国河南国际投资贸易洽谈会开幕式文艺晚会——《让中原告诉世界》，在第二幕《豫苑之花》中，剧组原本安排让常香玉与国内外宾客见见面，在万花丛中，在升降台上，这位豫剧大师说上几句话，唱上一段《花木兰》。然而，常香玉刚刚动完手术，谁也不忍心请她出山，只得改为摄制她的录像镜头。

4 月初，副省长王菊梅到河南省人民医院探望常香玉。听说有人来，清瘦、虚弱的常香玉强撑起身体，将头发梳理得一丝不乱，微笑着迎接着客人。在谈话中，王菊梅委婉地表达了晚会需要她镜头的意思。她的孩子心疼母亲，连忙挡驾。但常香玉知道这次晚会的重要性后，却满口应允。晚会拍摄组到达后，她进行了简单的梳理，便抖擞精神，全力配合拍摄，面对摄像机，她挂着输液瓶子，强忍着身上的疼痛，放声歌唱"刘大哥讲话理太偏，谁说女子不如男"，声音依然那样铿锵有力，唱腔依然那样委婉动听，最后她面对镜头，深情地说道："我爱我的家乡河南，我爱我们的豫剧，我更爱广大的观众。我希望全国人民和全世界的朋友都来我们河南看看，都喜欢我们的豫剧⋯⋯"医生和摄制人员看到常香玉仿佛是在用生命在说、在唱，都感动地忍不住流下眼泪。她却对剧组的同志叮嘱道："希望你们一定要把晚会办好，为咱们河南增光，把中原推向世界。"

4月12日夜晚，常香玉的祝福和演唱通过省体育中心的大屏幕，通过中央电视台直升飞机的航拍，

△ 2004年4月，常香玉在病房里委托媒体在晚会上替她向观众谢幕

通过中央电视台的现场直播，传向了全省、传向了全国、传向了全世界。

从常香玉转到内科病房的那一刻起，医生和护士都没有刻意地隐瞒病情，他们知道，常香玉是一个对疾病和死亡都很坦然的人，也是一个非常坚强的人。她从容地在医院这个人生最后的驿站，安排着身前身后事。

5月2日，河南电视台"梨园春"栏目做了一场常派唱腔演唱会专场。那天晚上参加演唱会的有常香玉的女儿、孙女、弟子、学生和热爱常派艺术的广大戏迷。在这个专场上，人们朗诵了诗人王怀让写的一首诗《一块常香的玉》，常派传人们演唱了常派剧目，展示了常派艺术的无限魅力。

第二天，常香玉对记者说："我在病房电视里看到了广大观众对常派艺术的热爱，还有大家对我的关心，我心领了，为什么要办这个演唱会？我知道，我的时间不多了。我想通过电视屏幕，向广大电视观众，做最后的谢幕。现在，我可以谢幕了！"

5月的郑州，法国梧桐绽开了淡紫色的喇叭花，常香玉躺在病房里，自觉来日无多，她想她的弟子们，她希望常派艺术薪火相传。

弟子们也想她，心照不宣地纷纷到医院看她。虎美玲来看她，她说："等我好了，咱娘儿俩还同台唱戏。"王希玲来看她，她说："培养学生全靠你们了。你办的戏校，要好好培养豫剧的接班人啊！"王惠来看她，告诉她自己正排着新戏《孝庄皇太后》，6月首演，到时请她看戏，帮着把把关。常香玉十分高兴并爽快地答应了。

高玉秋来看她，她说："秋，你听，我的嗓子哑了，这是我的本钱，我的枪啊！我得赶快把它治好，统一台湾时我还得唱呢！"

弟子们都想再听一听老师的教诲，常香玉也从弟子们的身上看到了希望。

2004年5月14日，常香玉请来两位公证员，立下遗嘱："看一下我

△ 计划中的常香玉纪念馆

的党费是不是每月都交了，若未交齐，由我的儿子陈嘉康代我补齐。我的子孙后代都要记住：国家有难，匹夫有责。"

2004 年 6 月 1 日 7 时零 6 分，人民艺术家常香玉驾鹤西去，永远离开了人间……

后　记

"人民艺术家"风范长存

常香玉已经走了。但是，她的艺术，她爱国的情怀会永远活在大家的心中，七年来，人们在用不同的形式纪念她、歌颂她。

2004年6月6日，河南省文化厅、河南省文联联合发出了《关于在全省文艺界开展向人民艺术家常香玉同志学习活动的决定》。

2004年6月15日，中共中央宣传部、文化部、中国文联联合发出了《关于在全国文艺系统开展向常香玉同志学习活动的通知》。

2004年7月27日，国务院在北京人民大会堂隆重举行追授仪式，授予常香玉"人民艺术家"的荣誉称号，表达和满足了广大人民的心愿。

2004年7月6日至9日，河南省豫剧一团（原香玉剧社）到西安进行了常派经典剧目展览演出。

2005年春，河南省豫剧一团排练了大型豫剧《常香玉》，由她的弟子王惠和李金枝分别扮演了老年常香玉和青年常香玉，大家仿佛又听到她在为人民唱戏。

2005 年 3 月 11 日，常香玉纪念馆暨香玉小学图书馆奠基仪式在南河渡镇香玉小学校园举行。

2005 年 6 月，巩义市修缮了常香玉在南河渡的故居。目前，香玉故里、香玉坝、香玉小学、香玉纪念馆连成一片，与河洛文化游览区遥相呼应，成为爱国主义教育基地，成为河南豫剧的一个重要博物馆。

每年的 6 月 1 日，河南省有关单位都会组织一场纪念常香玉的演唱会，2011 年是常香玉逝世七周年，也同样举办了"豫剧大师常香玉纪念晚会"。

常派的经典剧目在舞台上完美演绎，弟子们的演出美轮美奂，豫剧的旋律飘荡在舞台上空，直达九霄，我们敬爱的豫剧大师常香玉，你在天国听见了吗？

今天，我们要告诉您一个好消息，中国第二届豫剧节在 2011 年 9 月 7 日至 28 日举办，来自全国 13 省的 20 台豫剧剧目将在郑州九个剧场演出，河南省豫剧一团也将向全国豫剧界的同仁演出回顾您生平的剧目《常香玉》。戏剧如此的繁荣，人们在舞台上如此地演绎您的一生，您应该得到极大的安慰吧。

常香玉大师，我们想您、爱您，您的艺术必将与天地同在，您的风范必将与江河长存。

/**100**位

新 中 国 成 立 以 来 感 动 中 国 人 物 /

丁晓兵　马万水　马永顺　马恒昌　马海德　中国女排五连冠群体

孔祥瑞　孔繁森　文花枝　方永刚　方红霄　毛岸英

王　杰　王　选　王　瑛　王乐义　王有德　王启民

王进喜　王顺友　邓平寿　邓建军　邓稼先　丛　飞

包起帆　史光柱　史来贺　叶　欣　甘远志　申纪兰

白芳礼　任长霞　刘文学　刘英俊　华罗庚　向秀丽

廷·巴特尔　许振超　达吾提·阿西木　邢燕子　吴大观

吴仁宝　吴天祥　吴金印　吴登云　宋鱼水　张　华

张云泉　张秉贵　张海迪　时传祥　李四光　李春燕

李桂林和陆建芬夫妇　李素芝　李梦桃　李登海　杨利伟

杨怀远　杨根思　苏　宁　谷文昌　邰丽华　邱少云

邱光华　邱娥国　陈景润　麦贤得　孟　泰　孟二冬

林　浩　林巧稚　林秀贞　欧阳海　罗映珍　罗健夫

罗盛教　草原英雄小姐妹　赵梦桃　钟南山　唐山十三农民

容国团　徐　虎　秦文贵　袁隆平　钱学森　常香玉

黄继光　彭加木　焦裕禄　蒋筑英　谢延信　韩素云

窦铁成　赖　宁　雷　锋　谭　彦　谭千秋　谭竹青

樊锦诗

图书在版编目（CIP）数据

常香玉 / 雷桂华著. -- 长春 : 吉林文史出版社,
2012.6（2022.4重印）
（100位新中国成立以来感动中国人物）
ISBN 978-7-5472-1086-4

Ⅰ. ①常… Ⅱ. ①雷… Ⅲ. ①常香玉（1922～2004）
－生平事迹－青年读物②常香玉（1922～2004）－生平事
迹－少年读物 Ⅳ. ①K825.78-49

中国版本图书馆CIP数据核字（2012）第135845号

常香玉

CHANGXIANGYU

著/ 雷桂华

选题策划/ 王尔立　责任编辑/ 王尔立　李洁华　马华　任玉茗

装帧设计/韩璘

出版发行/ 吉林文史出版社

地址/ 长春市福祉大路5788号　邮编/ 130118

电话/ 0431-81629363　传真/ 0431-86037589

印刷/天津海德伟业印务有限公司

版次/ 2012年8月第1版 2022年4月第4次印刷

开本/ 640mm×920mm　1/16

印张/ 9　字数/ 100千

书号/ ISBN 978-7-5472-1086-4

定价/ 29.80元